AF239121

Wir befinden uns in einer Zeit des Umbruchs, an der Schwelle zu einem Neuen Zeitalter, wie viele glauben, oder am Abgrund, der endgültigen Vernichtung der menschlichen Rasse, wie andere fürchten. Tatsächlich haben sich die Verhältnisse seit Beginn unseres Jahrhunderts so zugespitzt, daß nur noch ein radikaler Wandel des Bewußtseins der Menschen, das immer der letzte Grund und Ursache für die selbstgeschaffenen Lebensbedingungen ist, das »Ruder herumwerfen« und das Raumschiff Erde einer sicheren Zukunft entgegensteuern kann.

An solchen Wendepunkten der Geschichte, wo sich beide Möglichkeiten: *Sein* oder *Nicht-Sein*, zum Extrem verdichtet, gegenüberstehen und der Mensch in Verantwortung für seine ganze Spezies wählen muß, wird ihm aus anderen Seinsbereichen auch immer verstärkt Hilfe zuteil. Viele große Seelen inkarnieren sich, um den verirrten Menschen in menschlicher Gestalt den Weg zu weisen, der aus dem drohenden Chaos führt.

So auch jetzt. 1970 erschien am Fuße des Kailasch Berges im Himalaya – seit altersher als Sitz der Götter und Zentrum der Welt verehrt – *Babadschi* wieder in einem irdischen Körper und lebt seither unter den Menschen.

Babadschi gilt als ein ›Avatar‹, d. i. eine Verkörperung des Göttlichen selbst – Avatare erscheinen selten, und immer nur an solchen entscheidenden Zeitenwenden, wenn nur noch das direkte Eingreifen des Göttlichen selbst den Lauf der Geschichte ändern kann.

Babadschi gilt als die Inkarnation des Gottes *Schiwa*, des großen Zerstörers des Alten und Wegbereiters des Neuen, das sich manifestieren will. Yogananda spricht in seiner »Autobiographie eines Yogi« von ihm als dem großen Führer der Menschheit im Verborgenen und dem ewig jungen, nie sterbenden Babadschi, der den Menschen mit seiner körperlichen Unsterblichkeit den Hinweis gibt auf noch unentdeckte Entwicklungsmöglichkeiten, die im Menschen selber liegen: die Unsterblichkeit im Körper, auf der Erde.

Welchen Weg werden die Menschen wählen?

Maria Gabriele Wosien

Babadschi

Botschaft vom Himalaya

Nachdruck der Originalausgabe
des Fischer Taschenbuch Verlages
1.-12. Tausend Oktober 1978
13.-20. Tausend Mai 1979

3. Auflage 1988
4. Auflage 1990
5. Auflage 1995, erweitert um das
Kapitel: „Der Weise Vasishta"
6. Auflage 2000
7. Auflage 2010

Reichel Verlag
Reifenberg 85
D- 91365 Weilersbach
Tel: 09194-8900
Fax 09194-4262
www.reichel-verlag.de
info@reichel-verlag.de

ISBN 978-3-926388-00-1

Inhalt

I SADASCHIWA AVATAR
1. Begegnung   1
2. Zur Philosophie des Hinduismus   13
3. Der Avatar als göttliche Inkarnation   16
4. Der Avatar aus der Sicht des Schaiwismus   20
5. Haidakhan Vishwamahadham - Zentrum der
    Mythologie um Babadschi als Schwa-Avatar   24
6. Haidakhan Baba - geschichtlicher Überblick   27

II BABADSCHIS LILAS
1. Überlieferte Erlebnisberichte ca. 1800-1922   31
2. Erlebnisberichte 1922-1970   38
3. Mahendra Baba   44
4. Erlebnisberichte nach 1970   47

III SADHANA (Übungsweg)
1. Pudscha (rituelle Andacht und Yagya (Feueropfer)   63
2. Meister und Schüler, Sadhana   72
3. Babadschi und das sanatana dharma   83

ANMERKUNGEN   91
GLOSSAR   97
Nachwort zur dritten deutschen Ausgabe   103

IV DER WEISE VASISHTA
Vorwort   111
Der Weise Vasishta   113

Die Autorin dankt dem Aschram *Haidak-han Vischwamahadham* für die freundliche Zurverfügungstellung der Erlebnisberichte, sowie Swami Fakira Nand und Dr. V. V. S. Rao für ihre Hilfe bei der Zusammenstellung des Materials.

M.–G. W.

I SADASCHIWA AVATAR

1. Begegnung

»Bhole Baba Ki Dschai! . . . Bhole Baba Ki Dschai . . . Bhole Baba Ki Dschai!« . . . Der Jubelruf kommt aus der Flußrichtung und wird langsam immer deutlicher. In wenigen Minuten wird Babadschi (›Ehrwürdiger Vater‹) hinter dem Strauchwerk sichtbar werden, das die staubige Dorfstraße säumt. Jedes Mal kehrt er so vom abendlichen Bad in den Tempelbezirk zurück, umgeben von seinen Getreuen; im Anhang die vielen Schaulustigen und die immer sehr große Kinderschar.

Es ist gegen fünf Uhr nachmittags. Die Hauptglut des Tages ist vorbei, und man ist aus den schattenspendenden Räumen ins Freie zurückgekehrt. Auch gebadet haben wir bereits. Die tropfnasse Wäsche hängt zwischen den Bäumen vor unserem Schlafraum in der Nachmittagssonne. Als Großstadtmensch aus Westeuropa machen mir meine zivilisierten Gewohnheiten noch zu schaffen. Die selbstverständliche Art der indischen Dorfbewohner, ganz einfach zu leben, erscheint vorerst noch jenseits des Möglichen.

Ich hatte es schon gelernt, öffentlich und trotzdem ganz verhüllt das abendliche Bad zu nehmen, etwas, das sich frühmorgens im Schutze der Dunkelheit weniger umständlich gestaltet: denn zweimal täglich vor Sonnenauf- und -untergang zu baden, ist dem religiösen Inder Pflicht. Dabei spielt sich das Baden etwa so ab: Man entledigt sich sämtlicher Hüllen, bis auf den knöchellangen Unterrock, den man sich bis unter die Achseln zieht und dort festbindet. Dann läßt man den, um diese Tageszeit mit einiger Mühe erstandenen, Eimer am langen Seil in die Tiefe des Brunnenschachtes baumeln, vorsichtig, im Hinblick auf das wackelige Gleichgewicht. Die Bewohnerin des Brunnens, eine Riesenschildkröte, weicht dem Aufprall des Eimers geschickt aus, und das kostbare Naß wird langsam hochgehievt.

Inzwischen haben sich mehrere Frauen und eine Schar von Kindern aller Altersstufen am Brunnen versammelt, die das seltene Spektakel, wie sich eine weiße *memsahib* wäscht, kreischend und gestikulierend aus nächster (!) Nähe begaffen. Auch meine Seife findet großen Anklang. Am Tag vorher hatte ich die indischen Frauen – dezent aus einiger Entfernung – beobachtet, wie sie sich beim Bad am Fluß gegenseitig mit Bimsstein bearbeiteten. Das Wasser wird nun kübelweise übergeschüttet, und die Kleider werden umständlich gewechselt. Das Terrain um den Brunnen ist sehr glitschig geworden, und man muß aufpassen, wenn man ein Schlammbad vermeiden will.

Nach bestandener Prozedur flüchte ich schleunigst samt Eimer und gewaschener Wäsche durch eine Lücke im Zaun hintenherum in den *Aschram*; erst über einen Haufen von Blattellern hinweg, die nach dem Mittagsmahl über den Zaun geworfen werden und die inzwischen von den vielen streunenden Hunden ganz reingeschleckt sind.

Gerade war ich mit dem Aufhängen der Wäsche fertig, als das Signal für die Rückkehr Babadschis gegeben wurde. Wie elektrisiert strömen nun die wartenden Menschen aus allen Ecken des Tempelbezirks dem Eingang zu. Auch auf der Straße haben sich die Gläubigen versammelt. Und jeder will der erste sein, um dem als Gott verehrten Heiligen die Füße zu berühren oder auch den Saum seines Kleides, zumindest aber ihm ganz nahe zu sein. Babadschi balanciert gerade auf dem schmalen Steg über dem Wassergraben, der außerhalb der Tempelmauer an der Dorfstraße entlang fließt. Jetzt tritt er durch das mit Palmenwedeln, Girlanden und Spruchbändern geschmückte Eingangstor; und schon sind ihm mehrere Blumenkränze übergehängt worden.

Viele sehen den legendenumwobenen Avatar (göttliche Inkarnation) zum ersten Mal: Er ist mittelgroß, hat ein junges, strahlendes, sympathisches Gesicht mit blitzenden, durchdringenden Augen und einen schelmischen Zug um den Mund. Scherzend droht er eben den Knirpsen, die sich ihm zwischen die Beine drängeln, mit seinem Stab und hat sich auf diese Weise für einen Augenblick den Weg gebahnt. Da sieht man ihn plötzlich ganz behende laufen: Im Nu ist er vor allen anderen mit fliegendem Gewand bei dem Podest angelangt, auf dem für ihn unter einem bunten Sonnenzelt ein erhöhter Sitz aufgebaut ist. Dort hat er sich niedergelassen, läßt die Beine herunterbaumeln, klatscht in die Hände und will sich ausschütten vor Lachen. Die List ist gelungen und die Kinder kreischen vor Vergnügen. Da verändert sich ganz plötzlich sein Gesicht und wird ernst, fast finster. Ein Ordner soll für Ruhe sorgen. Die Menge wird gebeten, sich zu setzen – Männer auf die eine, Frauen auf die andere Seite, dazwischen wird ein Gang freigehalten.

Babadschi war schon wieder aufgestanden. Leichtfüßig schreitet er mit seinem Stab zur Mitte des offenen Zeltes, wo er die Kinder um sich versammelt. Er heißt sie sich hintereinander in Reihen hinsetzen und beginnt eine improvisierte Lektion: »*Om. Namah Schiway. Om. Na-ma-ha Schi-wa-ya.* Om. . .« – »Ich ergebe mich Schiwa. Dein Wille geschehe, o Herr. Amen.« Babadschi legt Wert auf deutliche Aussprache. Mit ihren hohen Stimmchen wiederholen die Kinder im Chor das Gebet, erst verworren, dann immer klarer und ganz rhythmisch. Die übermütigen Lausbuben von vorhin sind wie umgewandelt und erinnern an die Putten zu Füßen der Sixtinischen Madonna. Mit großen Augen blicken sie ehrfürchtig und etwas scheu auf die vor ihnen stehende hohe, leuchtende Gestalt mit dem Stab, gleich einem Engel des Herrn. Gut zehn Minuten dauert die Lektion, dann kehrt Babadschi zu seinem Sitz zurück.

Inzwischen hat sich eine lange Schlange von wartenden Gläubigen gebildet. Oft kommen sie von weit her, um dem Heiligen aus dem Himalayagebirge ihre Ehrerbietung zu bezeugen und ihm ihre Gaben zu bringen. Jeder, der vor ihn tritt, verbeugt sich, indem er vor ihn niederkniet, dann seine Füße berührt, die mitgebrachten Gaben vor ihm ausbreitet und sich demütig wieder zurückzieht. Die tiefe Gläubigkeit und die bescheidene, ehrfürchtige Art, wie die Menschen sich dem verehrten Meister nähern, stimmen sehr feierlich. Manch einer hat auch ein Anliegen und bittet um Rat oder Hilfe. Den Bittsteller segnet Babadschi mit erhobener Hand, oder er legt sie ihm leicht auf den Kopf und beugt sich freundlich zu ihm.

Die Blumengirlanden und vielen Früchte häufen sich auf dem Podest und werden nun unter die Anwesenden verteilt. Durch seine Berührung sind die Gaben mit seinem besonderen Segen angereichert und werden deshalb als Kostbarkeit geschätzt. Manchmal wird um dieses *prasada* auch gerauft, besonders dann, wenn Babadschi von seinem Hochsitz aus die Früchte in die Menge wirft. Dabei gibt es dann immer mehr Hände als Gaben; trotzdem erfreut sich dieses Wurfspiel besonderer Beliebtheit.

»Was ist denn das für ein Heiliger, der sich so unseriös im Tempelbezirk aufführt«, hatte am Vormittag ein skeptischer Dorfbewohner bemängelt. »Er ist *Bhole Baba*«, hatte ihn ein Anhänger aufzuklären versucht, »er ist der Herr, der einfach, *bhola* ist, wie ein Kind.« Genau sind es 1008 Namen oder Masken des Gottes Schiwa, und *Bhole Nath,* der Herr Simplizissimus, ist nur eine seiner Verkörperungen.

Doch hinter dem kindlichen Gebaren verbirgt sich der feierliche Ernst dieser Erscheinung: *Kaschi Vischwanatha Bhagawan* ist der Titel, mit dem ihm seine Jünger huldigen – Kaschi ist der klassische Name für Benares, die heilige Stadt der Hindus und Sitz des wichtigsten Schiwa-Heiligtums; *Vischwanatha Bhagawan,* Herr des Universums, bezeichnet den eigentlichen Anspruch seiner Göttlichkeit.

Ganz plötzlich war die Dunkelheit hereingebrochen. Die bunten, dekorativen Glühlämpchen leuchten auf, und die Blumengirlanden schmücken jetzt den Thronsitz und die Zeltstangen. Babadschi hatte sich unterdes in seine *kuti,* sein kleines Privatgemach, zurückgezogen. Die dichtgedrängte Menge der Gläubigen und Schaulustigen erwartet die *Arati,* den abendlichen Gottesdienst. Man hatte mit dem *Kirtan* begonnen, dem Chorsingen religiöser Hymnen, und mit dem Psalmodieren des Mantras *Om Namah Schiway;* dazu begleiten ein Harmonium, Trommeln und verschiedenartiges Schlagzeug. In den Zwischenpausen erhebt sich immer wieder das Stimmengewirr der Wartenden, Neuankömmlinge drängeln sich zu ihren Bekannten in den vorderen Reihen, ein schreiender Säugling wird über meinen Kopf hinweg seiner Mutter gereicht; dabei werde ich angestoßen und erwache aus meinem Nachsinnen.

Nun wird es wieder still. Babadschi ist bereits auf seinem Sitz, die Beine hat er untergeschlagen, seine Hände liegen auf den Knien, den Kopf hält er leicht nach vorn geneigt, die Augen sind gesenkt. Die *Arati* beginnt.

Die Gottesverehrung bei Sonnenauf- und -untergang ist der feierlichste Teil des Tages. Der verehrten Gottheit, ob Bild, Statue oder lebendige Inkarnation, werden Feuer, Wasser, Weihrauch und Blumen dargebracht, begleitet von den religiösen Gesängen der Gläubigen. Das Feuer, als Symbol göttlicher Potenz, ist reinigende Kraft und in seiner Vollkommenheit Ebenbild des Erleuchteten; Wasser wird geopfert als Elixier des Lebens.

Während dieser Zeremonie bietet der als *Avatar,* als göttliche Inkarnation, verehrte Babadschi den Anblick eines überirdischen Wesens. Ganz in Weiß gekleidet, scheint er fast über seinem Sitz zu schweben, so unkörperlich wirkt er durch die tiefe Stille, die er ausstrahlt. Seine geweiteten Augen blicken ruhig in das dargebotene Feuer. Dabei mutet seine Gestalt an wie eine transparente

Hülle für das Leuchten, das aus ihr hervorströmt. Ich sehe in die gefurchten, von einem harten Leben gezeichneten Gesichter der neben mir sitzenden Menschen. Ihre Inbrunst und gläubige Hingabe verleiht ihren Zügen etwas Weiches, Verinnerlichtes. Dasselbe Licht leuchtet auch aus ihren Augen. Ich kann mich nicht erinnern, je ein ergreifenderes Schauspiel erlebt zu haben, als dieses Zelebrieren des Mysteriums des Lichtes.

Die Andacht ist erst etwa gegen zehn Uhr beendet mit ihrem improvisierten Programm von religiösen Liedern, einigen Ansprachen und dem *darschana* für die Gläubigen. Allmählich gleichen die Feierlichkeiten eher einem Volksfest – zur Buntheit der Aufmachung gesellt sich der farbige Charakter der Darbietungen nach dem Motto ›no colours, no Guru‹. Als Babadschi dann plötzlich aufsteht, um sich zurückzuziehen, verstreuen sich die Anwesenden, und in der Dunkelheit sind nur noch vereinzelte Grüppchen zu sehen, die miteinander *satsang* halten, d. h. ihre spirituellen Erlebnisse austauschen. In der kleinen, offenen Vorhalle des Aschrams erklärt ein Jünger einem Neuankömmling die geschichtlichen Hintergründe zur Gestalt dieses *Avatars*. Einige Brahmanen haben sich um das *Yagya-schala* (Feuergrube) gelagert, wo morgen das traditionelle Feuerritual seinen Höhepunkt finden wird; dazu und zum abschließenden *bhandara*, dem großen Festmahl, ist das ganze Dorf geladen.

Es ist sehr still geworden. Eine klare Sternennacht breitet sich über die weite Landschaft. Einige vermummte Gestalten haben sich um den Erzähler versammelt. Sie hocken beim dämmrigen Schein eines Öllämpchens und lauschen seinen Ausführungen. Ich setze mich zu ihnen.

2. Zur Philosophie des Hinduismus

Es ist der Glaube der Hindus[1], daß der Mannigfaltigkeit der Welt eine letzte Einheit zugrunde liegt, und als religiöser Mensch sieht er seine Aufgabe darin, diese Kraft zu ergründen, wie sie ihm immer und überall in immer neuen Maskierungen entgegentritt.

Diese an sich selbst, im Kosmos und der Umwelt erlebten Mächte sind im Mythos personifiziert: der Raum entfaltet die Vielfalt des Ureinen, was im Polytheismus seinen Niederschlag findet, der Verehrung der vielen Aspekte der letztlich einen göttlichen Macht.

Die Vielfalt der Gotteserscheinungen basiert auf einer Dreiheit: Die Schöpferkraft wird verehrt im Gott Brahma, die welterhaltende Kraft im Gott Vischnu und die Kraft, die alles Gewordene auflöst und verwandelt, wird geschaut als der Gott Schiwa.

Allen Göttergestalten ist außerdem eine große Göttin vermählt, die in ihrer Funktion dem Partner angemessen ist. Die Göttin ist die dem Gotte eigene Kraft (Schakti), die in sich noch vereint, was in dem Gatten zwiefältig erscheinen kann; denn seit den Veden ist jede Gottheit ambivalent und manifestiert wohlwollende, gnadenreiche, wie auch fürchterliche, gewaltsame Aspekte. Entsprechend dieser Doppelaspektigkeit des Göttlichen in seiner Offenbarung befinden sich auch alle Kräfte und Formen der Erscheinungswelt gleichzeitig im Antagonismus wie in der Identität.

Nach der traditionellen Überlieferung offenbart das Universum in seiner Manifestation aller Welten und Erscheinungsformen eine unerschütterliche zeitlose Norm oder Gesetzlichkeit, das *sanatana dharma*, identisch mit der absoluten Wahrheit und als Grundstruktur allem Geschaffenen immanent. Jede Abweichung von dieser transzendenten Gesetzmäßigkeit, die sich in allem Gegenständlichen widerspiegelt, äußert sich als Verfall, Krankheit und Chaos.

Der Lauf und die Entwicklung des Kosmos, der Erde und des Lebens auf ihr werden geschaut vor dem Hintergrund gigantischer, Hunderttausende von Jahren während er Zeitzyklen, den *mahayugas*. Zweitausend solcher *mahayugas*, oder achtmillionen-sechshundertvierzigtausend Jahre machen ein *kalpa* oder Äon aus, ein Tag und eine Nacht des Schöpfergottes Brahma.

Die kleineren Zeitabschnitte, oder *yugas*, enthalten jeweils vier Zeitalter, die eine absteigende Tendenz des *sanatana dharma*, des ewigen geistigen Gesetzes und Grundlage allen Lebens, manifestieren. Dieser Verfall der göttlichen Norm und der Vollkommenheit des Lebens beginnt schon nach dem ersten Zeitabschnitt, dem *satya yuga*, dem Zeitalter der Wahrheit, und endet mit dem *kali yuga*, dem dunklen Zeitalter, in welchem nur noch ein Viertel der Wahrheit wirksam ist.

Nach einem klassischen Schriftstück hinduistischer Mythologie[2] hat dann die menschliche Gesellschaft einen Zustand erreicht, »wo Besitz allein Vorrang gewährt, Reichtum als einzige Tugend gilt, wo nur die Leidenschaft Mann und Frau verbindet und nur Unwahrheit zum Erfolg führt, wenn der Genuß der Sinne als höchste

Glückseligkeit gilt und äußere Formen mit wahrer Geistigkeit verwechselt werden«.

Das Abweichen von der Norm und der Verfall des göttlichen Gesetzes bis zu seiner Umkehrung führt schließlich zur Auflösung des Schöpfungsprozesses und einer weltweiten Zerstörung des Geschaffenen.

Dies sieht die Götterlehre als das Werk des Gottes Schiwa und seiner Gemahlin Mahakali. In der Periode kosmischer Nacht, in der wir nach dieser Zeitrechnung jetzt leben, wird aber schon wieder der Keim gesät für ein neues Zeitalter, in welchem die Welt in ihrer ursprünglichen vollkommenen Reinheit und unberührten Schönheit wieder ersteht. Somit ist Schiwa, die Kraft der Auflösung und Verwandlung, wieder eins mit Brahma, dem Prinzip der Schöpfung.

Eingespannt in diesen Rahmen ist der Mensch, der, in der Sprache der Upanischaden, von seinem Wesen her, vom *atman* oder Selbst, identisch ist mit dem letztlich einen Gott, dem *paramatman* oder universalen Selbst. Als Geschöpf aber ist der Mensch ebenso gebunden an *maya*, die Weltillusion, mit der er sich durch das Vergängliche, Grobstoffliche seiner Sinne und seines Körpers identifiziert.

Alles Vergängliche aber wird gleichgesetzt mit Unwirklichkeit und alles Transzendente, Zeitlose mit Realität, und das Befangensein in der Scheinwirklichkeit der Welt gilt als der Ursprung allen Leides. Dieses wird nicht bewertet als Schuld an sich, sondern als Unwissenheit um die wahre Natur der Dinge, und das Thema hinduistischer Religionsphilosophie, wie des religiösen Lebens überhaupt, ist deshalb das Überwinden des Leides durch Erlangen des Wissens um die Wahrheit, um die Gesetzlichkeit als immanente Struktur alles Manifestierten. Es ist die Erkenntnis der Wahrheit, die zur Befreiung aus der Kausalität führt, aus dem endlosen Kreislauf von Ursache und Wirkung.

Das indische ›Denken‹ ist den Weg der Innenschau gegangen, deren Ziel nicht die theoretische und praktische Bewältigung der äußeren Wirklichkeit war, sondern die Beobachtung und Aufgliederung geistiger Vorgänge, die ihren Niederschlag in der religiösen Erfahrung als Erkenntnis vom Ursprung des Lebens gefunden hat.

In diesem Zusammenhang betrachten sich indische Weise und Asketen als lebende Laboratorien, in denen experimentiert wird, da nur eine Metamorphose des Menschen, vielmehr seines Bewußtseins, eine wahre Lösung seiner Probleme bringen kann. In ihnen vollzieht sich die Wandlung der stofflichen Elemente zur Bildung, zum Wachstum und zur Vollendung des ›himmlischen Leibes‹. Diese Transformationsprozesse werden bewertet als Dienst an der Materie, an der göttlichen Weltmutter. Für das Gros der Menschheit sind sie Vorbilder des Göttlichen in seiner manifestierten Potenz und Spiegelbild für die Vervollkommnung des eigenen Strebens.

Das höchste Sein, das jenseits von allem ist, was mit der Welt identifiziert wird, ist zugleich die ursprüngliche Seinsquelle des Menschen, wie der Ursprung des Heiligen.

Ziel der Bewußtseinswandlung ist die dauerhafte Verbundenheit, jenseits aller Illusion und allen Zweifels, mit dem immanent Göttlichen in der Erscheinungswelt und, darüber hinaus, in der göttlichen Transzendenz. Aus diesem Bewußtsein heraus ist auch alles zu bejahen, ob erhaben oder erschütternd, und nichts zu verneinen, denn alles ist ja eine Manifestation des Göttlichen.

Die göttliche Lebenskraft, die das Weltall durchdringt und jedem Geschöpf innewohnt, dieses anonyme antlitzlose Wesen hinter den zahllosen Masken, wird sowohl in der Erscheinungswelt wie auch als unsere inwendige Wirklichkeit erlebt.

Nach den *Upanischaden* und *Puranas* kann das Sehnen des Menschen nach Erfüllung seiner tiefsten Wünsche nur durch eine göttliche Inkarnation verwirklicht werden. Ihre Biografie ist zu verstehen als ein Symbol und eine Verkörperung kosmischer Gesetzlichkeit.

3. Der Avatar als göttliche Inkarnation

Die Lehre vom Avatar[3] ist ein Grundpfeiler hinduistischer Theologie. Diesem fällt, insbesondere in der Entwicklung einer periodisch wiederkehrenden Endzeit, eine entscheidende Rolle zu.

Große Avatare sind selten. Sie erscheinen immer zu einer Zeitenwende, zu Krisenzeiten der Weltgeschichte, um den Körper der Welt von einer ihn zersetzenden Krankheit durch radikalen Eingriff zu heilen. Das Erscheinen einer Erlöserfigur in Menschengestalt wird daher oft mit einem einen ertrinkenden Schwimmer Rettenden verglichen, der ihn nur dadurch vom Tode bewahren kann, daß er sich in denselben See stürzt.

Das Phänomen der Herabkunft des Göttlichen von der Transzendenz in die Erscheinungswelt ist kein einmaliges historisches Ereignis, vielmehr ist die immer wieder sich offenbarende heilige Kraft ein feierliches Leitmotiv im unendlichen Drama des kosmischen Prozesses.

Als weltbewegende Kraft sind die Ereignisse, Lehren und Bedeutung, ausgelöst durch das Erscheinen des Avatars, überliefert im klassischen Schrifttum, den großen Epen, den *Puranas, Schastras* und *Upanischaden,* wie auch im Brauchtum und der mündlichen Tradition.

Das Herabkommen von Göttern auf die Erde ist etwas ganz Gewöhnliches und ist beschrieben in zahllosen Mythen. Die *Bhagavad Gita* enthält die vielleicht eindringlichste Formulierung der Avatar-Doktrin, wonach das Göttliche sich durch die ihm eigene, geheimnisvolle Kraft der *maya* gebiert:

> »Immer wenn die Grundsätze der Pflichterfüllung sich lockern oder erschlaffen und die Ungerechtigkeit überhand nimmt, dann ströme Ich hervor: um die Gerechten zu schützen und die Übeltäter zu vernichten, um die göttliche Weltordnung wieder einzusetzen, werde ich in jedem Weltalter zum vergänglichen Wesen inmitten der sterblichen Geschöpfe.«[4]

Ramakrischna, der große Heilige des neunzehnten Jahrhunderts, vergleicht die Avatare mit Wellen im unendlichen göttlichen Meer:

> »Dem Geist und der Materie wohnt, vergleichbar einem Meer ohne Grenzen, eine unendliche Macht inne. Um einer besonderen Aufgabe willen nimmt diese unendliche Macht zu einer bestimmten historischen Zeit sozusagen konkrete Formen an – das ist, was man einen großen Menschen nennt. Er ist, genaugenommen, eine örtliche Manifestation der alles durchströmenden Macht, mit anderen Worten eine göttliche Inkarnation. Diese Größe in einem Menschen ist im eigentlichen eine Manifestation göttlicher Energie . . . Der Avatar ist immer derselbe: Er stürzt sich in das Meer des Lebens, taucht an einem Ort auf und wird Krischna genannt, taucht wieder unter und erscheint am anderen Ort als Christus.«[5]

Die Lehre vom Avatar, dessen Erscheinen für die Entwicklung des menschlichen Bewußtseins immer richtungweisend ist, beinhaltet nicht nur ein Transzendieren der irdischen Wirklichkeit, sondern auch Verwirklichung des göttlichen Gesetzes auf der Erde. So ist das Phänomen der Herabkunft des Gottes eng verbunden mit dem Aufstieg des Menschen.

Als höchste Verwirklichung des Göttlichen im Menschen ist der Avatar das vollkommene Vorbild für seine geistige Neugeburt. Dabei unterscheidet die Philosophie des Hinduismus zwei Aspekte der göttlichen Geburt:

> »Der eine ist ein Abstieg, die Geburt Gottes in der Menschheit, die Gottheit, welche sich in menschlicher Gestalt und in der Natur zeigt – dies ist der ewige Avatar; die andere ist ein Aufstieg, die Geburt des Menschen in der Gottheit – der Mensch, welcher sich in die göttliche Natur und das göttliche Bewußtsein erhebt, über das Gesetz der karmisch bedingten Seelenwanderung hinaus.«[6]

Der Unterschied zwischen dem menschlichen Gott und dem göttlichen Menschen ist der, daß der Avatar seiner Identität mit *brahman*, der göttlichen Kraft, voll bewußt ist, ganz zum Unterschied vom Menschen, der, obwohl aus derselben Potenz geschaffen, von seinen Sinneswahrnehmungen befangen ist. Es ist diese immanente göttliche Lebenskraft, die es dem Menschen ermöglicht, die Bedeutung eines Avatars ahnend zu begreifen, da ja nur Gleiches Gleiches zu erkennen vermag.

Der Avatar, dessen Erscheinen einer uralten menschlichen Sehnsucht nach Erlösung und Erfüllung seiner tiefsten Wünsche entspricht, manifestiert sich ganz konkret, doch wird seine eigentliche Bedeutung jeweils nur von wenigen Zeitgenossen erkannt. So galt Christus für viele nur als Sohn des Zimmermanns aus Nazareth und dem orthodoxen jüdischen Klerus als störendes, ihre etablierten Positionen gefährdendes Element; wie auch Krischna, einer von vielen Prinzen seiner Zeit, seine Gottesmacht nur einigen wenigen Vertrauten offenbarte.

Adi Schankara[7] der wohl bedeutendste Lehrer des *Vedanta*, hat das Phänomen des Avatars vielfach kommentiert. Er läßt ihn an einer Stelle sprechen:

> »Die Unwissenden glauben, Ich habe mich erst jetzt manifestiert, doch bin Ich der ewig leuchtende Herr. Ich erscheine nicht allen Menschen, sondern nur denjenigen, die an mich

glauben, denn ich halte mich hinter dem Schleier der *yogamaya* verborgen.«[8]

Es wird im religiösen Schrifttum auch immer betont, daß allein die Unkenntnis des eigenen immanenten Selbst den Menschen in seiner Blindheit gefangen hält.

Bisweilen jedoch offenbart sich der Avatar als *Ischwara*, als Herr der Schöpfung, indem er die Begrenzung des menschlichen Zustandes auflöst und dem Gläubigen die geistige Schau zuteil werden läßt. Dabei entspricht der Verklärung des Gottes in Menschengestalt die Erleuchtung des Jüngers, dessen inneres Auge das Bewußtsein der göttlichen Transzendenz gewahrt:

»Und nach sechs Tagen nahm Jesus zu sich Petrus und Jakobus und Johannes, seinen Bruder, und ging mit ihnen auf einen hohen Berg.

Und er ward verklärt vor ihnen, und sein Angesicht leuchtete wie die Sonne, und seine Kleider wurden weiß wie Licht.«[9]

»Und als er am Freitag am Kreuz aufgehängt wurde, war zur sechsten Stunde Finsternis auf der ganzen Erde. Und es stand mein Herr mitten in der Höhle und erhellte sie und sagte: ›Johannes, für die Menschen unten werde ich in Jerusalem gekreuzigt und mit Lanzen und Rohren gestoßen und mit Essig und Galle getränkt.

Mit dir aber rede ich, und was ich rede, höre! Ich habe dir eingegeben, auf diesen Berg zu gehen, damit du hörst, was ein Jünger vom Meister lernen muß und ein Mensch von Gott.‹

Und als er das gesagt hatte, zeigte er mir ein festgemachtes Lichtkreuz, und um das Kreuz herum eine große Volksmenge, die nicht nur eine Form hatte . . .

Den Herrn selbst aber sah ich oben auf dem Kreuz, und er hatte nur eine Stimme, doch nicht die uns gewohnte Stimme, sondern eine liebliche und gütige und wahrhaft Gott gehörige . . .

›Die nicht einförmige Menge um das Kreuz herum ist die untere Natur . . . noch ist nicht jedes Glied des *Herabgekommenen* zusammengefaßt. Wenn aber die Menschennatur und ein mir nahekommendes und meiner Stimme folgendes Geschlecht aufgenommen ist, wird der, der mich jetzt hört, mit diesem vereint werden und nicht mehr sein, was er jetzt ist, sondern über ihnen sein wie ich jetzt.

Denn solange du dich noch nicht selbst mein eigen nennst, bin ich nicht das, was ich bin . . . Als ersten erkenne den Logos, dann wirst du den Herrn erkennen, an dritter Stelle aber den Menschen und was er gelitten hat . . .«[10]

»Siehe das ganze Weltall, mit allem, was sich bewegt und nicht bewegt, als eine Einheit, als ein Ganzes in meinem Leib.

Doch mit deinem irdischen Auge kannst du mich nicht sehen. Ich will dir ein Geistesauge geben – siehe meine höchste mystische Natur:

. . . Mit vielen Gesichtern und Augen, vielseitig, wunderbar, mit göttlichen Dingen geschmückt, mit himmlischen Kräften versehen.

Göttlich bekleidet und bekränzt, durchdrungen von himmlischen Wohlgerüchen, ein überaus wunderbares, lichtvolles, unendliches, allsehendes Wesen.

Wenn tausend Sonnen zugleich am Himmel aufflammen würden, käme es wohl nicht dieser Herrlichkeit gleich.

Da sah nun Ardschuna das ganze Weltall, das so mannigfaltig in seiner Erscheinungswelt ist, als ein Einziges, in den Körpern der Götter als viele Teile geoffenbart.«[11]

Der Augenblick der Bewußtseinswandlung, und davon zeugen auch die Erlebnisberichte der Schüler Babadschis[12], wird erlebt als ein Moment höchster Weihe und als ganz besonderer Gnadenbeweis des Göttlichen: dem Glaubenden widerfährt die Schau dessen, was als das ganz Andere erlebt wird, ihm aber näher ist als das eigene Selbst. Das schauende Bewußtsein wird eins mit dem Geschauten, und die essentielle Beziehung alles Gewordenen mit dem Ursprung des Seins wird zur entscheidenden Erfahrung.

4. Der Avatar aus der Sicht des Schaiwismus[13]

Im Drama der Schöpfung fallen den *Gyanis*, *Yogis* und *Siddhas*, d.h. den Weisen, Asketen und Menschen mit übersinnlichen Kräften, eine wichtige Rolle zu, doch ist es der Avatar, der die entscheidenden Impulse zur Entwicklung des menschlichen Bewußtseins gibt.

Unter den Avataren sind die meisten sterblich; wie Krischna und Christus verlassen sie ihren Körper am Ende ihrer irdischen Mission. Einige wenige, die *Purnavatare*, die das Göttliche in seiner höchsten Potenz inkarnieren, sind unsterblich. Von ihnen berichtet die Tradition, daß sie keinen körperlichen Tod sterben, daß sie immer und überall gegenwärtig sind, sich zu bestimmten Zeiten manifestieren und sonst dem menschlichen Auge verborgen bleiben. Alle *Purnavatare* sind Inkarnationen Schiwas; zu ihnen zählen Hanuman, Baba Goraknath und Babadschi.

Zu allen Zeiten der großen Übergänge zwischen den Schöpfungsperioden ist das höchste Amt der Auflösung des Gewordenen in den Händen des unendlichen Wesens selbst. Der *Purnavatar* oder *Mahavatar*[14] erscheint immer dann, wenn das Ausmaß des Gesetzesverfalls jenseits der integrierenden Kraft des Avatars ist: der Urheber des Schöpfungsdramas greift selbst in die Handlung ein.

Diese höchste Kraft bezeichnet das System des *sanatana dharma* als ›Samba Sada Schiwa‹, als ewigen Gott Schiwa, eins mit seiner *schakti* oder schöpferischen Potenz, der Mutter des Weltalls, Amba.

Aus der Sicht einer immerwährenden Transformation ist alles, vom Subtilsten bis zum Grobstofflichen, eingebettet in einen Prozeß unaufhaltsamer Verwandlung, wobei alles Geschaffene letztlich in seinen Ursprung zurück absorbiert wird.

Als alles verwandelnde Potenz ist Schiwa auch der Gott der Schöpfung. Er, der endet, ist auch derjenige, der beginnt, mehr also als nur ein Funktionselement einer Dreiheit: als Schiwa-Rudra ist er der Zerstörer, als Sadaschiwa der ewige Gott und als Maheschwara die große Gottheit des Urbeginns, der somit über die Prozesse der Auflösung, der Welterhaltung und der Schöpfung regiert. Aus dieser Sicht gibt es letztlich weder Schöpfung noch Zerstörung, sondern nur einen unendlichen Prozeß der Verwandlung.

Im Mythos wird das Bild gebraucht von Schiwa, dem Zerstörer, als einzigem Zeugen, der die Periode kosmischer Grabesnacht transzendiert, indem er das Universum mit allen seinen Welten hineingibt als Opfergaben in das Feuer seines eigenen Lichts:

> »Wenn Dunkelheit nicht ist, wenn ist weder Tag noch Nacht, weder Sein noch Nichtsein, ist allein Schiwa.«[15]

In der Ikonografie wird Schiwa auch dargestellt als der einsame kosmische Tänzer, dessen Tanz alle Wesen und Welten beinhaltet. Seine endlos sich wiederholenden rhythmischen Figuren und Gesten fließen hervor aus dem nie nachlassenden Strom seiner göttlichen Energie. Wenn der Mond in den Wassern versunken, die Berge verschwunden, die Sonne verloschen, die Menschheit vergangen, die Sterne gefallen und die Erde in den Fluten eines gigantischen Ozeans versunken, ist Schiwa allein geblieben, den *pralaya tandava*[16] tanzend.

Schiwa, der *brahman* des Vedanta, ist der göttliche Urgrund, in welchen selbst die Götter, als die verwirklichenden Teilaspekte seiner Macht, untertauchen und wiedererstehen, die auch den Menschen von seinem Innersten her regieren. Diese Vielfalt der Manifestation des Göttlichen in der Materie veranschaulicht der Mythos in den eintausendundacht Namen oder Aspekten Schiwas, die er alle in der Einheit seines Wesens einbeschließt.[17] Diese Teilmanifestationen wiederum werden wirksam im fünffachen Offenbarungsprozeß der Schöpfung, Erhaltung, Auflösung, Verschleierung und Gnade.

Die Entfremdung, die Bewegung fort vom Urgrund des Seins, wie die Reabsorption in das Göttliche hinein, ist ein unaufhörlicher Prozeß, der auch das sogenannte Böse als unumgängliches, die Dualität gestaltendes Prinzip mit einschließt. Die Verehrung des Schrecklichen, als die andere Seite des huldvollen, gnadenreichen Gottes, ist ein wesentlicher Bestandteil hinduistischer Gottesschau.

Schiwa, als Zerstörer aller weltlichen Illusion, verlangt das Erlebnis des Göttlichen in seiner furchtbarsten Form: das Vermögen, der unverschleierten Wahrheit ins Auge sehen zu können, ohne davon überwältigt oder verstört zu werden. Deshalb rief Ramakrischna seine Schüler auf: »Betet das Schreckliche an, stürzt euch in den Tod, nicht ins Leben!«

Den Dämon und den Gott als eins zu erkennen, ist eine Weihe höchster Ordnung. Dabei wird einem die Gewißheit zuteil, daß einem nichts geschehen kann, als was einem seit Ewigkeiten zugehört.

Als höchstes Wesen hat Schiwa teil an der Erfahrung der Endlichkeit, ohne daß seine Offenbarungspotenz dadurch gemindert ist: in der manifestierten Wirklichkeit nimmt er die verschiedensten Formen an, bleibt aber unverändert in seiner Wesenheit.

Schiwa, das Urbild des Yogi, stellt die Ikonografie dar als jenseits aller Zeitlichkeit in unberührbarer Einsamkeit auf dem Schneegipfel des Kailasch Berges sitzend, versunken in die kristallklare Schau des Urgrundes seines unendlichen Wesens.

Die künstlerische Darstellung Babadschis als *swayambhu* (sich selbst erzeugendes göttliches Wesen) in der Position des meditierenden Yogi auf dem Kailasch als Zentrum der Welt und Übergang in die göttliche Transzendenz zeigt ihn auch als Herr über die drei *gunas: radschas, tamas* und *sattva,* den strukturierenden Grundelementen des Daseins, veranschaulicht durch drei konzentrische Kreise, sowie über die fünf Elemente Äther, Luft, Feuer, Wasser und Erde. Mit dem Urlaut OM beginnt die Schöpfung und die Trennung von Schiwa und Schakti, die vereint sind im Licht, das vom Herztschakra Babadschis die Welt erleuchtet.

So vereint und manifestiert Schiwa absolute, in sich ruhende Stille mit sich in die unendliche Vielfalt des Lebens verströmender dynamischer Energie.

Als kosmisches Wesen »sind seine Stirn Feuer, Sonne und Mond seine Augen, die vier Himmelsrichtungen seine Ohren, die Veden seine Stimme, der Wind, der die Welt durchzieht, ist der Atem, der seine Brust belebt, die Erde seine Füße. Er ist das innere Selbst aller Lebewesen.«[18]

Entsprechend der unterschiedlichen geistigen Entwicklung der Menschen zeigt sich Schiwa als Du in göttlicher Form – davon berichtet die Fülle der Mythen, überliefert in den großen Epen des *Mahabharata und Ramayana,* und auch die Erlebnisse, Visionen und Träume der Gläubigen.[19] Schiwa offenbart sich weiter als das Wissen, das aus dem Innersten des Menschen geboren wird, wobei das Göttliche als ›ich‹, im eigenen Werdeprozeß einbezogen, erlebt wird und auch in der Form einer außenstehenden Person als Meister oder Guru.

Als göttlicher Guru ist Schiwa inkarniert in Babadschi, der seit Beginn des neunzehnten Jahrhunderts im Vorgebirge des Himalaya als Baba Haidakhan verehrt wird und im Abendland durch die Veröffentlichung von Paramahansa Yoganandas *Autobiografie eines Yogi* um die Mitte unseres Jahrhunderts als Mahavatar Babadschi bekannt wurde.

5. Haidakhan Vischwamahadham[20] – Zentrum der Mythologie um Babadschi als Schiwa-Avatar

Haidakhan ist ein kleines Dörfchen im Kurmantschal Vorgebirge des Himalaya, sechsundzwanzig Kilometer östlich des Marktfleckens Haldwani im Distrikt Nainital der Großprovinz Uttar Pradesch.[21]

Mythologisch ist die Kurmantschal Region ein uraltes Gebiet und wird, unter anderem, auch in Verbindung gebracht mit der zweiten Inkarnation des Gottes Vischnu als *Kurma*, Schildkröte, zu Beginn des *satya yuga*, des Zeitalters der Wahrheit, dem ersten Zeitabschnitt unseres gegenwärtigen Äons.

Nach Angaben im *Uttar Manas Skanda Purana*[22], in einem Dialog zwischen Schiwa und seinem Sohn Karttikeya[23], wird dieser Ort schon als ein während der Eiszeit heiliges Gebiet erwähnt, als der indische Subkontinent noch bis zur Vindhatschal Region, im heutigen Radschasthan, mit Gletschern bedeckt war.

Nach dem Mythos beauftragte Schiwa Virabhadra[24], eine feurige Emanation aus seinem Munde, »fürchterlich anzuschaun und von gewaltiger Macht«, mit der Lokalisierung des Zentrums der damaligen riesigen Landmasse, ehe das aus den Wassern herausragende Gebiet in die fünf Kontinente zerbrochen war.

Dieses weltbewegende Ereignis, das einer Neuschöpfung gleichkam, wird kommentiert mit »die Berge fielen krachend ein, die Erde erbebte, die Winde brüllten, aufgewühlt ward die Tiefe des Meeres«.

Die Eismassen blieben nur auf den höchsten Erhebungen des heutigen Himalayagebirges zurück. Schiwa und das Pantheon der Götter, vormals zu Hause auf dem Kurmantschal Kailasch – der mit dem mythischen Meru Parvat als *axis mundi* identisch ist –, zogen sich zurück auf den gleichnamigen Berg Kailasch im heutigen Tibet, nördlich des Manasarovar Sees, während das alte heilige Zentrum nach und nach von den Menschen besiedelt wurde. Das Zentrum der Welt hat als *meru danda* seine mikrokosmische Entsprechung in der Wirbelsäule, mit der die Bewußtseinszentren, oder Tschakren, als Manifestationsorte der Götter verbunden sind.

Als Schiwa sich mit Sati vermählte, brachte er sie zum Kurmantschal Kailasch, an dessen Fuß sich zu alten Zeiten ein See befand. In diesem pflegte sie zu baden, und noch bis zum heutigen Tag heißt dieser Ort ›Sati Kunda‹.

Am Tag ihrer Ankunft pflanzte die Göttin dort ein Bäumchen, das heute als stattlicher und einziger Baum mitten im Flußbett des Gautama Ganga steht. Diesen Fluß leitete Schiwa, zu einem späteren Zeitpunkt, etwa eineinhalb Kilometer nördlich an die Oberfläche, als besonderen Gnadenbeweis für einen der sieben Rischis[25] mit gleichem Namen, der sich in diese Gegend zum Meditieren zurückgezogen hatte.

Der Gautama Fluß fließt aus dem Manasarovar See unterirdisch viele Kilometer lang durch das Himalayagebirge und taucht unweit des Örtchens Haidakhan an die Oberfläche. Weiter fließt er durch die Stelle des ehemaligen ›Sati Kunda‹, ohne aber je den heiligen Baum zu überschwemmen, selbst nicht zur Zeit des jährlichen Monsunregens, wo riesige Wassermassen den Fluß zu einem reißenden Strom anschwellen lassen. Ebenso wie das Wasser des Ganges kann man es jahrelang aufbewahren, ohne daß ein Fäulnisprozeß einsetzt.

Am Fuße des Kailasch, nur wenig über dem Wasserspiegel des Gautama Flusses, befindet sich eine Höhle, die wie der Berg selbst auf die Schöpfungsgeschichte zurückgeht. Diese Höhle wird im *Schiwa Purana*[26] erwähnt als Aufenthaltsort der Gottheiten und wird verehrt als ein Ort, wohin Schiwa sich bisweilen zu tiefer Meditation und asketischen Übungen (tapasya) zurückzieht.

In dieser Höhle, von der aus unterirdische Gänge nach Haridwar, Benares und zum Manasarovar See führen, wurde Babadschi erstmals wieder im Juni 1970 von einem Bewohner der Gegend durch Weisungen eines Traumes gefunden.[27]

Der Kailasch (etwa 2600 m hoch) wird sowohl im Mythos wie in Erzählungen aus der Gegend beschrieben als ›der goldene Berg‹, denn der Meru Parvat wird auch *Hemadi* – der goldene Berg, *Ratnasanu* – Juwelenspitze, *Karnikatschala* – Lotusberg und *Devaparvata* – Berg der Götter genannt.

An seinen unteren Hängen gibt es heute vereinzelt kleine Siedlungen, doch zeigt der Berggipfel kaum Vegetation, noch sind dort Wasserquellen zu finden. Auf seiner höchsten Erhebung ist ein Schiwaheiligtum mit *lingam* und *dhuni*[28] und ein von Pilgern gestifteter Glockenaltar.

Der Berg ist vielfach mit einer sehr seltenen Art des Paridschata Baumes (entstanden beim Quirlen des Milchmeeres des Trunkes der Unsterblichkeit) bewachsen, von denen nur einer unter tausenden Samen hervorbringt.

Zu Anfang der vierziger Jahre des vorigen Jahrhunderts entstand auf einem dem Kailasch gegenüberliegenden Hügel ein Schiwatempel von Babadschis eigener Hand unter Mithilfe einiger Einwohner aus der Gegend. Sein Grundriß ist achteckig als Symbol für die *aschthasiddhis*[29] (die acht Machtaspekte Schiwas).

Nach einer mündlichen Überlieferung[30] wurde der Tempel 1843 fertiggestellt, und da nur Felsgestein aus der Umgebung dafür zur Verfügung stand, pflegte Babadschi die Größe der Baublöcke mit seinem Stab zu umreißen, worauf diese sich im exakten Maß aus dem Gestein lösten. Von dem dreiseitigen *lingam* im Tempelinneren wird erzählt, daß er mit göttlichem Atem belebt ist. In den Jahren nach Babadschis Erscheinen wurde der Tempelbezirk zu einem Aschram mit Wohngelegenheiten erweitert.

Das etwa einen halben Kilometer breite Flußbett ist übersät mit Steinen und Geröllblöcken, von denen Babadschi sagt, daß sie Seelen sind, die Erlösung erlangt haben, und daß der Tag nicht mehr fern sei, wo so viele Menschen nach Haidakhan strömen werden, daß ihre Zahl die der Steine im Flußbett übertreffen wird.

Der Stein als Kultobjekt und Medium der Offenbarung spielt eine bedeutende Rolle nicht nur im Mythos und Ritus, sondern auch in den Erlebnissen der Adepten des Aschrams. So bezeichnet, zum Beispiel, im Flußbett unterhalb des Tempels ein *lingam* den »heiligsten Ort der Erde«; seine Bedeutung wurde vor einigen Jahren von einem Adepten in einer Vision geschaut:

>»Am Abend des achtundzwanzigsten Januar 1976 wurde im Flußbett, unterhalb des Aschrams, eine Hochzeit gefeiert. Während der Festlichkeiten ließ Babadschi mich zu sich rufen und trug mir auf, nach einem kleinen Jungen zu sehen, der vermißt wurde.
>Langsam stieg ich in der Dunkelheit die vielen Stufen zum Aschram hinauf. Einige Male blieb ich stehen, um mich auszuruhen und um auf das bunte Treiben hinunterzuschauen. Die Klänge der Blechkapelle und die Stimmen der vielen Menschen drangen zu mir herauf als ein Gemisch von Summen und Dröhnen. Und als ich mich so an das Mauerwerk anlehnte und hinuntersah, schaute ich plötzlich das ›andere Haidakhan‹, sozusagen die geistige Wirklichkeit des Ortes, der mir während meines zweimonatigen Aufenthaltes so vertraut geworden war.

Die Worte ›Haidakhan ist das Zentrum der Welt‹ kamen mir immer wieder in den Sinn. In der Einfachheit der gegliederten Steinwälle des eingefriedeten *havana kunda* (ausgehobene Grube für das Feueropfer), in dem sich das Leben tummelte, schaute ich den ersten und letzten Ort, der auf der Erde besteht . . .«

Mahendra Baba[31] hat die Bedeutung und Schönheit dieses Ortes in ekstatisch inspirierten Versen in seinem *Haidakhandi Aratī*[32] beschrieben:

»Haidakhan ist ein einzigartiger Ort, voll Reinheit, Glückseligkeit – des Lebens höchstes Ziel,
Dort fließt der Gautama Fluß, dort weilen Götter und Weise.
Erblicke ich den Berg Kailasch, fühle ich mich aus tiefster Seele zu ihm hingezogen.
Am Fuße des Berges – eine göttlich-schöne Höhle: dies ist der Wohnort des Herrn.
Die Tiere des Waldes, ganz ohne Furcht, leben in Eintracht miteinander.
Selbst Nandana Van, der Himmel Krischnas, erscheint mir armselig, vergleiche ich ihn mit dem Wohnort des Herrn.
Preis und Ehre dir, Haidakhan, heiligster Ort, Wohnsitz Schiwas, des Herrn . . .«

In seiner Vision der Zukunft eröffnet Schiwa seinem Sohn Karttikeya, daß eine Zeit kommen würde, da die Götter wieder zum Kurmantschal Kailasch zurückkehren werden; dann würde auch Haidakhan seine ursprüngliche Bedeutung wiedergewinnen als zentrales Heiligtum der Welt; es sei dies auch die Zeit eines Wendepunktes in der Weltgeschichte und der Beginn eines neuen Zeitalters.

6. Haidakhan Baba – geschichtlicher Überblick

Yogananda, der von Babadschi als ›Mahavatar‹, als großer göttlicher Inkarnation, spricht und ihn auch ›Unsterblichen Babadschi‹ nennt, deutet an, daß er zusammen mit Christus die Grundlage vorbereitet, um die Menschheit unserer Zeit einem neuen Bewußtsein zuzuführen. Sein Titel ›Babadschi‹ ist eine allgemeine respektvolle Anrede für Persönlichkeiten des religiösen Lebens.

In der Region des Himalayagebietes ist Babadschi als Schiwa-Avatar seit urdenklichen Zeiten in der mündlichen Überlieferung sowie im klassischen Schrifttum unter sehr vielen Namen und Titeln erwähnt[33]: immer wird er geschaut als dieselbe Wesenheit, die sich vielerorts unter den verschiedensten Maskierungen manifestiert.

Allgemein wird er als *ayonisambhava* bezeichnet, d.h. als ein Geistwesen, das weder durch einen Mutterleib geboren ist, noch einen körperlichen Tod stirbt. Als *swayambhu*, aus sich selbst existierend, behält er nicht nur die Erinnerung aller physischen Manifestationen, meistert auch alles Wissen der Erscheinungswelt, und seine Vision geht über Zeit und Raum hinaus in den Urgrund des Seins.

Der *Schiwa Purana*[34] enthält einen Dialog zwischen den Göttern Brahma und Schiwa, der auf eine die Zeiten überdauernde göttliche Inkarnation in Menschengestalt hinweist:

> »Im achtundzwanzigsten Äon des *Dvapara Yugas* (das auf das Zeitalter der Wahrheit folgt), zur Zeit des Dvaypayana Vyasa, soll der erhabenste aller *Puruschas* als Krischna geboren werden . . . Dann werde auch Ich (Schiwa) geboren werden im Körper eines *brahmatscharin* (eines asketisch lebenden religiösen Adepten) und mit der Seele eines Yogi, mittels der Kraft yogischer maya zum großen Erstaunen der Welten. Ich werde mir auf der Verbrennungsstätte einen verlassenen Körper aussuchen, mittels der Kraft yogischer maya in ihn einziehen und ihn von allen Unreinheiten befreien. Ich werde die heilige Höhle[35] des Berges Meru mit dir (Brahma) und Vischnu bewohnen . . . Diese Verkörperung wird sich großen Ruhmes erfreuen, solange die Erde besteht . . . [Es ist] die Inkarnation des universalen atman (Selbst) als Yogeschwara (König der Yogis), [die] von Äon zu Äon Taten zur Erfüllung des Gesetzes vollbringt.«

Durch die Jahrtausende hindurch hat man immer wieder versucht, das Wesen dieser geheimnisvollen Erscheinung zu fassen und ihre Attribute zu definieren. Zuweilen macht Babadschi Andeutungen über sein Wirken in Japan, China, Nepal und Tibet vor vielen tausend Jahren. In jüngster Zeit bestätigte ein hellsichtiger nordindischer Heiliger namens Gangotri Baba (der auch als Swami

Akhandananda bekannt ist), daß Babadschi vor fünfhundert Jahren in Tibet als Lama Baba verehrt wurde und daß damals viele namhafte Heilige zu seinen Schülern zählten, wie auch die tibetische Königsfamilie und der Dalai Lama, der seit vielen Inkarnationen schon sein Schüler ist. In jüngster Zeit, seit Beginn des neunzehnten Jahrhunderts, wird Babadschi im Himalayagebirge unter anderem auch verehrt als Brahmatschari Baba, Somvari Baba und Naga Baba, alles nordindische Heilige, über die es, besonders in der mündlichen Überlieferung, eine große Zahl von Heiligenlegenden und Erzählungen über Wundervollbringungen gibt. Babadschis Identität mit diesen Heiligen ist teils durch seine Jünger geschaut worden, teils hat er sie selbst bestätigt.

Etwa um das Jahr 1800 erschien Babadschi oben auf dem Kurmantschal Kailasch als strahlendes Licht. Einige Dorfbewohner aus der Gegend bemerkten diese Erscheinung, die mehrere Male zu sehen war, dann aber immer wieder verschwand. Schließlich beschlossen die Dorfleute, sich am Erscheinungsort des Lichtes zu versammeln. Dort beteten sie und beschworen das unbekannte göttliche Wesen, sich ihnen zu zeigen und sich zu offenbaren.

Da geschah es, daß sich ihnen eine strahlend leuchtende Erscheinung (*avadhud*) zeigte, und aus dem Lichtkegel trat ein wunderbares Wesen heraus, das einem Jüngling im Alter von zwanzig bis fünfundzwanzig Jahren glich.

Die Dorfleute priesen die Erscheinung mit frommen Worten und baten sie voll Demut und Ehrfurcht, mit in ihr Dorf herabzukommen und bei ihnen zu bleiben. Die leuchtende Gestalt verweilte einige Zeit im Hause des Försters der Gegend, Schri Dham Singh, der sie jeden Tag, ehe er zur Arbeit ging, in sein Zimmer einschloß.

Eines Tages nun wollten einige der Dorfleute das leuchtende Wesen sehen, zerbrachen das Schloß des Zimmers und fanden es leer. Für etwa zehn Jahre war von dem göttlichen Jüngling keine Spur zu finden. Die Leute der Gegend aber fingen an, diese mysteriöse Erscheinung Baba Haidakhan zu nennen, nach dem Ort, in dessen Nähe sie zum ersten Mal geschaut wurde.

Nach langjährigem bedeutsamem Wirken in der Gegend verschwand Babadschi wieder im August 1922, indem er im Beisein einiger seiner Anhänger in den Zufluß des Kali und Gauri Flusses eintauchte, an der Grenze zwischen Nordindien und Nepal, und sich vor ihren Augen in Licht auflöste.

Vor seinem Verschwinden hatte er seinen Jüngern versprochen, daß er wiederkommen würde. Während der Zeit seiner körperlichen Anwesenheit wurde Babadschi von vielen Menschen an verschiedenen Orten gesehen; auch erschien er frommen Anhängern in Visionen, Träumen, auch ganz konkret körperlich und gewährte ihnen Hilfe in schweren Zeiten.

Im Juni des Jahres 1970 manifestierte sich Babadschi, gemäß seinem Versprechen, wieder als Baba Haidakhan. Er wurde in der Höhle am Fuß des Kailasch von einem Dorfbewohner gefunden, der einen Hinweis auf das Wiedererscheinen des Avatars durch einen Traum bekommen hatte. Diese Begegnung bedeutete auch den Beginn von Babadschis Wirken erstmals in einer breiten Öffentlichkeit.

II BABADSCHIS LILAS[1]

1. Überlieferte Erlebnisberichte ca. 1800–1922

Schiwa wird verehrt als Form und als göttliche Substanz ohne Form, durch welche er gleichzeitig und überall in allem Gestalteten existiert.

Dem religiösen Inder gilt der Glaube als das Schauen der Seele, und als Mensch hat er die Möglichkeit, durch die Welt des Grobstofflichen mit der Welt des Numinosen Kontakt aufzunehmen. Indem er diese Möglichkeit wahrnimmt, nützt er seine Existenz in der Welt als eine Chance für die Entfaltung seines immanenten göttlichen Selbst.

Die Gabe des Sehens, das Erkennen der Wirklichkeit durch die Sinneswahrnehmung der Augen und, darüber hinaus, die Schau des die Form transzendierenden Lichts durch das ›geistige Auge‹ bewertet die Tradition des *sanatana dharma* als die zuverlässigste Weise, der Wahrheit zu begegnen.

So wurde das Weistum des alten Indiens den Rischis, oder Sehern, in einer geistigen Schau geoffenbart, und die Begegnung mit einem Weisen oder Gottmenschen wird noch heute *darschana* genannt, was soviel besagt, wie ›einen Einblick bekommen‹ in das Geheimnis der göttlichen Manifestation.

Wenn einem die Augen geöffnet werden, wenn es einem wie Schuppen von den Augen fällt, so meint man damit Erlebnisse besonderer Art, die einem etwas lang Verborgenes gewahr werden lassen. Damit wird meist ein überwältigendes Gefühl der Ehrfurcht und der Freude ausgelöst, was einer inneren Befreiung entspricht, einer Lösung von Fragenkomplexen, einer Antwort auf lastende Probleme.

Die eindrucksvollsten überlieferten Gotteserlebnisse aller Zeiten zeugen von der Kraft dieser Schau, teils als Visionen oder Traumgesichte, auch als ganz konkret körperliche Manifestation des Göttlichen, die im Leben des Gläubigen zugleich einen Wendepunkt bedeuten, weil die durchgreifende Kraft des Geschauten von nun an richtunggebend wirkt.

Der Mensch, dem die Gottesschau widerfährt, ist ein Gezeichneter, ein oft sehr einsamer Mensch unter seinen blinden Zeitgenossen; davon zeugen beispielsweise die Berichte prophetischer Schau, von Träumen und Engelserscheinungen im Alten Testament. Die schon zitierte kosmische Schau des Ardschuna und die Offenbarung des Kreuzesgeheimnisses an Johannes[2] weisen auf die Notwendigkeit der Glaubensbereitschaft hin, auf die totale Überantwortung des menschlichen Eigensinns an die göttliche Manifestation, und so wird die geistige Schau als Begegnung mit dem Göttlichen nur demjenigen zuteil, der seine materielle Skepsis überwunden hat:

> »Nur wer sein Selbst in Liebe mir hingibt, dem zeige ich mich ganz, er schaut mich, wie ich wirklich bin, und wird, entworden, mit mir eins.[3]

Lichterlebnisse diesen Ausmaßes sind nur wenigen Menschen vergönnt, doch ihre Qualität spiegelt sich wider in den Erlebnissen der Anhänger Babadschis seit seinem Erscheinen zu Anfang des vorigen Jahrhunderts.

Oft gehen Offenbarungserlebnissen dieser Art lange Perioden des Zweifels, der inneren Sammlung und intensiver Konzentration voraus. Es gibt aber auch Erlebnisse der geistigen Schau, die einem scheinbar geschenkt werden. Nie aber kann man Offenbarungserlebnisse durch eigene Willensanstrengung bewirken, ›es‹ geschieht und überrascht mit seiner Vehemenz, mit dem Totalanspruch an die Erlebnisbereitschaft und die Übergabe des persönlichen Ich.

Das in Wahrheit Geschaute bildet auch die Grundlage für eine empirische Wissenschaft, die nur in der Erleuchtung, sozusagen als Extrakt der Innenschau, gewonnen wird. Daher ist der Begriff Wissenschaft (*vidya*) auch wörtlich das Geschaute, das Wissen um das Transzendente, Göttliche. Im Gegensatz dazu steht der Unerleuchtete unter dem Gesetz des *avidya*, der Unwissenheit.

Lichterlebnisse, wie sie im folgenden aufgeführt sind, werden deshalb auch nicht bewertet als subjektives ›Phantasieren‹, unbrauchbar für eine ›objektive, auf äußere Phänomene ausgerichtete Wissenschaft‹. Ganz im Gegenteil, sie werden als auf feinstofflicher Ebene aufweisbares, erfahrbares Licht bewertet. Für den Inder, der keinen Bruch kennt zwischen dem grobstofflichen und feinstofflichen Bereich, sind die innere und äußere Welt jeweils Aspekte derselben Realität, die in der Natur des Geschaffenen (*prakriti*) ein gegliedertes Kontinuum bilden. Wahres Wissen kann demnach nur in der Erleuchtung gewonnen werden, wohingegen die zerebrale

Denkfähigkeit eine hochkultivierte Form des Nicht-Wissens ist.

Die Umwandlung von einer Vorstellung, von etwas auf feinstofflicher Ebene Geschautem, in einen faßbaren, grobstofflichen Gegenstand ist grundsätzlich nicht nur möglich, sondern stellt die essentielle Souveränität des Geistes über die Materie dar. Für einen *Siddha-yogi* ist es lediglich eine Frage der geistigen Sammlung, ob das innere Licht nach außen hin sichtbar zum Erstrahlen gebracht wird, im Materialisieren, Verdichten des Feinstofflichen, was wir schlechthin als Wunder bezeichnen, oder ob diese Sammlung sich auf das Feinstofflich-Geistige als Dematerialisation des Grobstofflichen richtet, was sich physisch als Schwerelosigkeit, als buchstäbliches ›Gehen auf dem Wasser‹, als Fliegen durch die Luft zeigt, oder auch als physisches Verschwinden erlebbar ist.

Der im Leben Erlöste (*dschivanmukti*) identifiziert sich nicht mit den Entfaltungen der manifestierten *prakriti*, sondern mit der Quelle des Seins, dem *puruscha*. Babadschi, der als *adi puruscha*, als göttliche Wesenheit des Urbeginns, geschaut worden ist und auch als solcher verehrt wird, schafft seinen Körper aus dem ›Nichts‹, wie er auch seinen physischen, sekundären Leib nach Belieben wieder auflösen kann.

Der Geist- oder Lichtleib bildet die Basis für die *lila* der Erleuchteten, so wie für den Durchschnittsmenschen der physische Körper für sein Dasein in der Welt. Daß der Erleuchtete nach Belieben eine Gestaltung der *prakriti* auf jeder erwünschten Stufe vollziehen kann, sowohl wahrnehmend als auch handelnd, davon zeugen Erlebnisberichte, die von einem Wissen der Zukunft oder der Vergangenheit sprechen, wie auch die vielen Beispiele des Erscheinens Babadschis und seines vielseitigen Spiels mit der Materie.

Die Schau des geistigen Hintergrundes der Dinge entsprach für Lahiri Mahasaya[4], dem bedeutendsten bekanntgewordenen Schüler Babadschis des vorigen Jahrhunderts, einem Sicherinnern an sein vergangenes Leben und dem spontanen Wiedererkennen Babadschis als seines Meisters seit vielen Inkarnationen.

Das Öffnen des inneren Auges, das die Schau von Raum und Zeit transzendiert, wird in dem Ereignis dieser Begegnung von Meister und Schüler auch in Verbindung gebracht mit der Erfüllung einer irdischen Sehnsucht, nämlich einer paradiesischen Vision eines Palastes im Himalayagebirge, die er erlebt als ganz konkretes Ereignis, sowie einer bedeutenden Einweihung in das geistige Gesetz jenseits einer körperlichen Existenz – Lahiri Mahasayas

Initiation in das alte geheime Weistum des *Kriya Yoga*[5].

Yogananda erwähnt wesentliche Attribute Babadschis, die ihn als eine außerordentliche Inkarnation charakterisieren. Als Schiwa-Avatar ist Babadschi von jeher den Menschen in vielen Formen erschienen, hauptsächlich aber findet er Verehrung als *dakschinamurti*, als göttlicher Jüngling, der Verkörperung einer zeitlosen Wahrheit, welche die Gegensätze von Schrecklichem und Gütigem polar in sich vereint. Seine Fähigkeit, einen Körper zu manifestieren oder zu desintegrieren, an verschiedenen Orten, auch gleichzeitig, zu erscheinen und seinen Körper durch die Zeiten hindurch beizubehalten, wird bewertet als für die Menschen beispielgebend, um ihnen ihre eigenen latenten Möglichkeiten zu veranschaulichen.

Einige seiner *lilas*, als Zeugnisse seiner übermenschlichen Fähigkeiten, werden erwähnt als Lehrbeispiele, sie stehen aber auch im Zusammenhang mit dem Bereinigen karmischer Schuld, wobei hauptsächlich Babadschis geheime Fürsorge und Lenkung der Lebensschicksale der Menschen über alle Zeiten hinweg hervorgehoben wird.

In den Jahren seines öffentlichen Wirkens, zwischen etwa 1800 und 1922, zeigte Babadschi sich meistens nur Einzelpersonen, doch gewährte er seinen besonderen Segen auch einigen Familien aus der Kumaongegend. Wenn sich gelegentlich eine größere Menschenmenge um ihn versammelte, wurde sein Erscheinen festlich begangen, wie dies auch heute wieder der Fall ist, durch ein *yagya* (rituelle Feuerzeremonie), *bhandara* (der Verteilung von gesegneter Speise an alle Anwesenden) und mit *kirtan* (dem Singen religiöser Hymnen).

Niemals blieb er lange an einem Ort; er pflegte ganz plötzlich zu verschwinden und ebenso überraschend anderenorts wieder zu erscheinen. Aus diesem Grund war es allgemein nicht leicht, sein *darschana* zu erhalten.

Es gibt sehr viele Höhlen[6] im Himalayagebirge, auch kleinere Tempel und Aschrams, mit denen Babadschi in Verbindung gebracht wird und wo er als Yogi oft Hunderte von Jahren lang meditiert hat, wo er gläubigen Menschen erschienen ist und ihnen geistige Führung zuteil werden ließ. Die unzugänglichsten geheimen Winkel des Himalayagebirges sind ihm vertraut, er kennt alle heiligen Orte, Wasserquellen und Heilkräuter. Es wird berichtet, daß seine Ausstrahlung auf die Menschen so stark war, daß sie in seiner Gegenwart ihre weltlichen Sorgen und Wünsche vergaßen.

Damals versuchte auch niemand die vielen Geschichten und Erlebnisse, die sich um sein Erscheinen rankten, aufzuschreiben. Erst nach seinem Verschwinden im Jahre 1922, als er seinen vielen treuen Anhängern in Visionen erschien, begann man damit, Näheres über ihn zu ergründen.[7]

Bisweilen zeigte Babadschi seine yogischen Fähigkeiten einigen seiner ergebenen Schüler oder einer kleineren Gruppe von Menschen. Diesen erschien er in seinem Lichtkörper, manch einer sah auch Lichterscheinungen zu Babadschi kommen, von denen er sagte, daß sie Heilige und göttliche Wesenheiten seien. Einige Begebenheiten zeigten seine Macht über die Elemente; er war bekannt für das *pantschagni tapasya*, das von Yogis während der Sommerhitze ausgeführt wird: Dieser sitzt inmitten von vier Feuern, das fünfte ist die Sonne, in die er unverwandt mit geöffneten Augen blickt und Mantren rezitiert. Am Ende der Übung, die Babadschi mehrere Tage lang wiederholte und wobei er ganz von Flammen umgeben war, kam jedes Mal ein riesiger Löwe, umkreiste ihn, legte den Kopf auf seine Füße und verschwand. Öfters wurde Babadschi auch beobachtet, wie er die vedische Feuerzeremonie (*yagya*) mit Wasser zelebrierte, wenn kein *ghi* (ausgelassene Butter) vorhanden war; dabei schossen die Flammen meterweit in die Höhe.

Bei den Menschen, die ihm ihren reinen Glauben schenkten, blieb er oft monatelang und vollbrachte viele Wunder, bei denen er sich als Herr über die Elemente zeigte. Sie berichten über seine ungewöhnlichen Fähigkeiten, während einer Zeit von sechs Monaten weder Essen noch Trinken zu sich zu nehmen, ganz ohne Schlaf auszukommen und von Haldwani zu dem 300 Kilometer entfernten Scharada Fluß mit einem Getreuen durch die Luft zu fliegen.[8] Er ließ Wasserquellen entstehen, indem er mit dem Zeigefinger ein kleines Loch in die Erde bohrte; verhalf den Bauern mit rechtzeitigem Regen zu guten Ernten, heilte Todkranke, schenkte lange kinderlos gebliebenen Ehen den ersehnten Sohn.

Er sprach ein altertümliches Hindi, unterhielt sich mit den Menschen in allen Landessprachen und Mundarten und überraschte mit seinem tiefen Wissen um die Tradition. Er las die Gedanken der Menschen, die zu ihm kamen, und gab ihnen Antworten auf ihre unausgesprochenen Anliegen und Fragen.

Oft wirkte er unerkannt, in unscheinbarer Kleidung in der Nähe der Menschen, um ihnen zu dienen. So half er, bis zum Schluß unerkannt, bei der Errichtung eines Dammes für den See bei Bhimtal (Distr. Nainital, U. P.), dessen Bau viele Male vorher mißglückt war.

Einmal fuhr ein Staatsminister an einer Kolonne von Arbeitern vorbei, die für den Bau einer Kaserne Steine auf dem Kopf trugen. Dabei bemerkte der Minister, wie einer der Arbeiter, als er an ihm vorbeikam, lächelte. Dies mißfiel dem Beamten und er ordnete an, den Arbeiter für sein ungehöriges Verhalten strafen zu lassen. Als man ihn anheischte, was ihm denn einfiele, antwortete dieser ganz ruhig: »Ich habe niemanden angelächelt. Ich habe mich nur darüber amüsiert, daß die Tempelglocke von Badrinath heruntergefallen ist und die Leute sich vergeblich bemühen, sie wieder aufzuheben.« Als der Minister die unwahrscheinliche Erklärung des Arbeiters hörte, wurde er noch wütender und beschimpfte ihn unflätig.

Während der Zwischenfall zu einer Menschenansammlung wurde, hatte der Minister anordnen lassen, nach Badrinath telegrafisch rückfragen zu lassen, und erhielt auch tatsächlich bestätigt, daß die Tempelglocke heruntergefallen sei. Seit diesem Tag wurde er zu einem gläubigen Verehrer Babadschis.

»Als Babadschi einst in Katgharia Dham weilte,[9] erschien dort für fünfzehn Tage ein Heiliger von hoher, knochiger Gestalt mit einem langen Bart; die Leute nannten ihn China Baba. Während der ganzen Zeit seines Aufenthaltes wich er nicht einen Augenblick von Babadschis Seite, schlief im selben Raum, saß immer neben ihm, aß sogar vom selben Teller, so daß die Leute glaubten, Babadschi und er seien dieselbe Person.

Haidakhan Baba und China Baba gingen dann zusammen den Kailasch Berg hinauf und nahmen nur zwei Gläubige mit. Der eine von ihnen kehrte gleich wieder zurück und erzählte, daß China Baba allein weitergezogen sei und daß Haidakhan Baba mit dem anderen Schüler sich auf eine Pilgerfahrt nach Gangotri begeben hätte.

Dieser Schüler sah dort eines Tages beim Baden zu seinem Schrecken, wie Babadschi flußabwärts trieb und dann aus seinen Augen verschwand. Voller Kummer erzählte er sein Erlebnis einem Mann, der unlängst aus Nepal gekommen war und der ihm versicherte, daß er noch vor seiner Abreise Babadschi dort gesehen hätte. Als besagter Schüler daraufhin nach Katgharia Dham zurückkam, war Babadschi schon seit längerer Zeit wieder im Aschram erschienen.«

Damals wie heute hatte Babadschi eine besondere Vorliebe für

Kinder und spielte oft mit ihnen. So zeigte er auch dem damals elfjährigen Goverdhan die Narben auf seinem Körper, die von Wunden aus der Zeit der *Mahabharata* Kriege herrührten. Auch Lahiri Mahasaya gegenüber hatte Babadschi von Begebenheiten aus dem *Ramayana* und *Mahabharata* gesprochen, bei denen er, als einer der Unsterblichen, zugegen war; ähnliches hat er verschiedentlich auch heutigen Schülern gegenüber erwähnt.

»Einmal wurde in Katgharia Dham ein Tempelfestmahl (*bhandara*) gehalten, wobei man vergessen hatte, erst den Göttern ihre Speise darzubieten. Plötzlich sahen die Anwesenden, wie Babadschis Gesicht anschwoll und rot wurde vor Zorn. Als man ihn nach seinem Unmut fragte, erwiderte er, daß die Götter erzürnt seien über diese Nachlässigkeit, stand auf, nahm den kleinen Goverdhan und noch einen anderen Jungen mit sich und verschwand mit ihnen im Wald.

Dort befahl er den Kindern, Reisig zusammenzutragen, ihn dann zu einem großen Haufen aufzuschichten mit einer Aushöhlung eines etwa einen halben Meter breiten Innenraumes. In diese Aushöhlung setzte Babadschi sich hinein und sagte dann den Kindern, sie sollten den Holzstoß anzünden. Die Kinder taten, wie ihnen geheißen war, und im Nu brannte das Holz auch lichterloh.

Den Kindern war unheimlich und traurig zumute und sie hatten Angst, daß Babadschi nun im Begriff war, in seinen *samadhi*[10] einzugehen, da man ihn vorher gekränkt hatte. Als das Feuer aber verloschen war, sahen die Jungen, wie Babadschi, zu ihrem großen Erstaunen, hervorkam, seine Kleider nahm und sie auswrang, da sie vor Wasser trieften. Gleich rannten die beiden zum Aschram zurück, um die Geschichte den anderen zu erzählen, fanden Babadschi aber bereits wieder dort angekommen und sahen ihn sich mit den Anwesenden unterhalten.«

Im Sommer 1922 ging Babadschi auf eine Pilgerfahrt zum Berg Kailasch nach Tibet. Bei seiner Rückkehr verweilte er eine Zeitlang in Aschkot, an der indisch-nepalesischen Grenze als Gast des Radschas Schri Karman Singh. Diesem eröffnete er eines Tages, daß die Zeit gekommen sei, da er fortgehen müsse. Der Radscha selbst half die Sänfte tragen, in welcher Babadschi als Ehrengast das Geleit gegeben wurde. Nachdem sie einige Kilometer weit gegangen waren, schickte Babadschi den Radscha zurück und setzte seine Reise allein mit einigen der Bediensteten fort.

Als die Gruppe sich dem Zufluß des Kali und Gauri Flusses

näherte, sahen seine Begleiter plötzlich, wie Babadschi in *padma-sana* (Lotussitz) langsam im Fluß verschwand und sich vor ihren Augen in Licht auflöste. Kurz vorher hatte er seinen Begleitern noch versprochen, daß er wiederkommen würde zum Wohle der Menschheit.

2. Erlebnisberichte 1922–1970

In der Zeitspanne, in welcher Babadschi nicht in der Öffentlichkeit wirkte, erschien er seinen gläubigen Anhängern häufig in Träumen, Visionen, aber auch ganz konkret körperlich[11].

»Die Leute unserer Gegend glauben im allgemeinen, daß Haidakhan Babadschi die Kurmantschal Region schon seit vielen Jahren verlassen hat, daß er seinen Körper aufgegeben hat, oder einfach, daß er jetzt unsichtbar ist.

Tatsächlich aber bin ich ihm an einem Dezembermorgen im Jahre 1957 um etwa halb acht Uhr morgens im Waldgebiet von Bhalot, in der Nähe von Haldwani, körperlich begegnet.

Es war noch ziemlich dunkel, und ich war allein. Da ich mich vor giftigem Ungeziefer fürchtete, ging ich sehr vorsichtig auf dem Waldpfad entlang und paßte gut auf, wo ich meine Füße hinsetzte.

Als ich einmal zufällig über den Fluß hinüberschaute, sah ich plötzlich Babadschi dort stehen, der seine Hand in der Segenshaltung erhoben hielt. Sofort verließ mich alle Furcht. Er ging einige Schritte auf mich zu, dann war er wieder verschwunden.«

Einem in Moskau lebenden schwedischen Künstler[12] erschien Babadschi eines Nachts im Traum, und gleichzeitig auch dessen Frau, die sich gerade in Leningrad aufhielt. Dem Künstler, der, wie er später erzählte, sich damals in einer spirituellen Krise befand, wurde bedeutet, daß er nach Almora in Nordindien reisen solle, um dort einige Jahre zu bleiben.

Der Weisung des Traumes folgend, reiste er mit seiner Frau nach Indien und ließ sich in Kasar Devi, einem alten Tempel Babadschis, nieder. Dort hatte er zum zweiten Mal Babadschis *darschana* und fertigte aufgrund dieser Vision eine Büste an, die heute im Aschram Kausani in Kumna, nördlich von Almora, aufbewahrt wird.

Mit einer der Familien aus der Kumaon Gegend steht Babadschi schon seit vielen Generationen in Verbindung.[13] Dreizehn Jahre vor seinem Wiedererscheinen im Jahre 1970 weissagte eine der Angehörigen dieser Familie bis in Einzelheiten die Begebenheiten, die sich für die Jahre nach seiner Wiederkehr ereignen würden; diese Voraussagen haben sich alle bewahrheitet.

»Auf einer Ferienreise in die Gegend von Ranikhet, im Juni 1967, hatte meine Frau sich Yoganandas *Autobiografie* mitgenommen, während ich mich auf einem der höchsten Golfplätze der Welt beim Sport erholen wollte. Eines Tages las sie mir aus einem der Kapitel vor, wo das Dronagiri Gebirge als die Landschaft erwähnt wird, in welcher Babadschi Lahiri Mahasaya erschienen war.

Mir war diese Gegend vom Mythos her vertraut, aus dem *Ramayana Epos*, wo Hanuman das lebensspendende Heilkraut *sandschivani bhuti* gesucht hatte, das nur nachts zu finden ist, weil es dann leuchtet. In der Eile konnte Hanuman das Heilkraut nicht finden, um dem verwundeten Helden Lakschmana auf dem Schlachtfeld beizustehen, brach deshalb einen riesigen Felsbrocken aus dem Dronagiri Gebirge und flog damit nach Schri Lanka zurück, um König Rama im Kampf gegen den Dämonenkönig Ravana zum Sieg zu verhelfen.

Diese Verbindungen des Wunders und der Wirklichkeit an unserem Ferienort beflügelten unsere Phantasie, und da die Dronagiri Berge nur ungefähr vierzig Kilometer weit von Ranikhet entfernt waren, beschlossen wir beide, diesen Ort ausfindig zu machen.

Ein alter Angestellter im Ranikhet Bazar, dem wir von unserem Vorhaben erzählten und von dem wir einige praktische Hinweise für unsere Tour erhielten, machte uns noch Mut, indem er seiner Überzeugung Ausdruck gab, daß Mahavatar Babadschi heute noch demjenigen sein *darschana* gewähre, der den dort erbauten Tempel mit echter Frömmigkeit aufsucht.

Als wir so die sehr holprige Landstraße entlangfuhren, standen plötzlich zwei *sadhus* (Wandermönche) mitten auf dem Weg und hielten uns an. Wir erwiesen ihnen die übliche Ehrerbietung, als der ältere von beiden sich erbot, uns den Weg zum Dronagiri Tempel zu zeigen, und ehe wir noch etwas sagen konnten, hatten sie auch schon die Türe geöffnet und saßen im Auto . . . Oben am Hügel angekommen, verließ uns der eine von ihnen und war augenblicklich verschwunden. Ich machte mir noch Gedanken darüber, wie diese Menschen so ohne alle Notwendigkeiten des täglichen Lebens auskommen können.

Als wir uns dem Tempel näherten, fragte der uns begleitende *sadhu* meine Frau, ob sie auch Opfergaben zum Zelebrieren der Andacht (*pudscha*) bei sich habe, und als sie verneinte, erwiderte ihr der *sadhu*, sie solle sich keine Sorgen machen, alles stünde bereit.

Im Tempel war keine Menschenseele zu sehen, doch war zu unserem Erstaunen alles für die Andacht Erforderliche vorhanden. Meine Frau beging mit Hilfe des *sadhus* den Gottesdienst, und da es schon kurz vor Anbruch der Dunkelheit war, drängte ich anschließend auf unsere baldige Rückkehr . . . Wir waren noch nicht weit gegangen, als wir uns kurz hinter der Steinmauer, die den Eingang zum Tempelbezirk bezeichnete, noch einmal umdrehten – der *sadhu* war spurlos verschwunden.

Schon damals war meine Frau überzeugt, daß sich hinter der Verkleidung des Wandermönchs der ›Unsterbliche Babadschi‹ verbarg. Ich bestritt dies zwar eifrig, doch war auch mir aufgefallen, daß der *sadhu*, zum Unterschied zu allen anderen armen Pilgern und Mönchen, kein Entgelt für seine Dienste gefordert hatte.

Erst viel später, im Jahre 1974, schloß sich der Kreis dieser für uns lange mysteriös gebliebenen Erscheinung, als einer meiner Bekannten uns die erstaunliche Nachricht überbrachte, daß nach dem berühmten astrologischen Weisheitsbuch, dem *Bhrigusamhita*, das auf einen der sieben Rischis mit gleichem Namen zurückgeht und in Hoschiarpur in der Provinz Pundschab aufbewahrt wird, Schiwa sich als Mensch unter dem Namen von Baba Haidakhan inkarniert hat, der identisch ist mit Mahavatar Babadschi, dem Guru des Lahiri Mahasaya. Derselbe Baba Haidakhan sei zur Zeit in dem Dörfchen Madhuban anwesend, vierzehn Kilometer von Vrindaban entfernt, zum Zelebrieren eines großen *yagyas*.

Mit mehreren Freunden fuhren wir zu diesem Fest, zu dem jedermann kommen konnte und zu dem sich Tausende von Menschen versammelt hatten. Bei dieser Gelegenheit faßten wir uns zwei Tage später ein Herz, um Babadschi nach unserer Begegnung von damals im Dronagiri Gebirge zu fragen.

Nach längerem Schweigen, und nachdem er uns eindringlich angeblickt hatte, erwiderte er: ›Das letzte Mal, als ihr im Dronagiri Gebirge wart, war ich drei Stunden bei euch, wenn ihr wieder hinfahrt, werde ich drei Tage mit euch sein.‹«

Genau zehn Jahre später, im Juni 1977, besuchte Babadschi, von einer Pilgerfahrt nach Kedarnath und Badrinath zurückkehrend, mit einer größeren Gruppe von Anhängern überraschend den

Dronagiri Tempel; unter den Anwesenden befand sich auch der Autor des obigen Erlebnisses mit seiner Frau.

Während einer Zeitspanne von drei Monaten, vierzehn Jahre vor seinem Zusammentreffen mit Babadschi im Januar 1975, durchlebte ein Adept einen seelischen Erneuerungsprozeß in einem Zustand tiefster Meditation. Wie Dante auf seiner Reise durch die geistigen Welten von Virgil geführt wurde, standen dem Adepten als Seelenführer sein schon verstorbener Guru, Pitadschi, die große Kraft Gottes, personifiziert als Mahaschakti, Babadschi und zuletzt Christus bei:

».. . Nachdem ich *havana* (rituelles Feueropfer) zelebriert hatte, führten mich Mahaschakti und Pitadschi zu der Höhle, die wir schon am Abend vorher besucht hatten. Dort stellte sie mich einem großen Wesen vor, auf dessen Gesicht ein strahlendes Licht leuchtete. Mahaschakti nannte ihn ›Babadschi‹, der seit Jahrtausenden im Himalayagebirge lebt und der als ›Unsterblicher Babadschi‹ bekannt ist . . .

Mahaschakti bat Babadschi, mich von nun an in seine Obhut zu nehmen und mich zu führen; Babadschi willigte ein. Später sah ich eine Zeichnung von ihm in dem Buch *Autobiografie eines Yogi*, die genau der Gestalt meiner Vision entsprach . . .

Babadschi sagte, ich solle mich neben ihn setzen. Dann legte er mir seine Hand auf meinen Rücken und auf meinen Kopf, wobei ich ein seltsames Gefühl hatte: meine und Babadschis Seele lösten sich aus ihrem physischen Körper und wurden eins. Die vereinten Seelen schwebten eine Zeitlang im Raum und zogen dann wieder jede in ihren Körper ein. Wir saßen eine Weile schweigend, dann stellte Babadschi mich seinen Jüngern vor, die um ihn waren . . . anschließend zeigte er mir einen riesigen Palast, in dem er selbst auf einem Thron saß, dann kehrten wir wieder zu unserem Ausgangsort zurück, der keine zu beschreibende Landschaft hatte, aber so schön war, daß man es mit Worten nicht sagen kann . . .

In der nächsten Vision berührte er meinen Kopf und Rücken und konzentrierte sich ganz auf mich. Dabei hatte ich ein merkwürdiges Gefühl und verlor auch bald darauf das Bewußtsein. Dann sah ich, wie ein Licht aus seiner Stirne meinen ganzen Körper bestrahlte . . . Babadschi zerlegte meinen Körper und warf ein starkes Licht, das wie ein Energiestrom war, auf alle Körperteile, besonders auf die Herzgegend. Dann wusch er sie alle mit einem starken Wasserstrahl. Während dieses Reinigungsprozesses meines Körpers sangen alle Anwesenden das Mantra *Hari Om* (Ehre sei Gott), und mein ganzer Körper vibrierte mit dem Mantra *Om namah Schiway*...

Dieses Mal kam Babadschi in meinen Körper und prüfte besonders eingehend die Herzgegend. Alle beschädigten und verletzten Körperteile wusch er mit einer Ölessenz und ersetzte die sehr kranken Organe mit neuen. Eine Salbe, die er dann aufstrich, hatte eine sofortige lindernde Wirkung... Während der ganzen Operation wurde *kirtan* gesungen, was eine himmlische Ruhe verbreitete... Dann behandelte Babadschi sehr liebevoll auch meine seelischen Wunden...

Auf sein Geheiß betrat ich dieses Mal Babadschis Körper, der aus lauter Licht bestand. Ich bewegte mich in ihm nach allen Seiten – er war von riesigem Ausmaß. Ich ging immer weiter und weiter, konnte aber nichts als Licht sehen und hörte, wie überall in diesem ungeheuer großen Körper das Mantra *Om namah Schiway* ertönte...

Heute sagte mir Babadschi, daß ich in einer anderen Welt neu geboren sei, ich solle die Vergangenheit auf sich beruhen lassen, da die Zukunft eine viel strahlendere sei: mir sei ein Platz unter den Rischis zugewiesen worden, die schon bereit seien, mich zu empfangen...

Babadschi sagte mir heute, ich solle neben seinem Raum wohnen, als Hauptverwalter der Angelegenheiten des Aschrams. Nach meiner Arbeit führte Babadschi mich erst im Aschram herum, dann besuchten wir zwei Höhlen. In einer von ihnen saß ein sehr alter, schweigender *mahatma* (Heiliger), Babadschi nannte ihn Yogananda, in der anderen meditierte ein (um die Jahrhundertwende verstorbener) nordindischer Heiliger namens Kali Kamli Wala...

Weiter führte Babadschi mich entlang des Flusses in der Nähe seines Aschrams, wo er mich einem alten *mahatma* vorstellte, den er als Lahiri Mahasaya bezeichnete...

Nachdem ich mein Mantra in Babadschis Aschram rezitiert hatte, nahmen mich Babadschi, Pitadschi und Mahaschakti mit sich in den unendlichen Raum. Dort begegneten wir einem Heiligen, dessen Gesicht wie rotes und weißes Feuer leuchtete; er hatte einen langen Bart, große Augen und war mit einer choga bekleidet. Babadschi stellte mich ihm vor und nannte mir seinen Namen als Jesus Christus. Dieser warf sich vor ihm nieder, dann umarmte ihn Babadschi...

Nun war es Christus, der mich zu einem entfernten Ort führte, über karges Felsgestein hinüber, einen sehr schwierigen, engen, unebenen Bergpfad entlang, der teilweise unterbrochen war. Zu beiden Seiten des Pfades waren steile, tiefe Schluchten, die Tausende von Metern in den Abgrund führten und beängstigend aussahen. Christus hielt mich fest bei der Hand, da der Weg halsbrecherisch gefährlich war. Die geringste Unachtsamkeit, so lehrte er mich, der kleinste Irrtum würde mich in die Tiefe stürzen lassen, ohne Hoffnung auf Rückkehr.

Er bedeutete mir, meinen Geist und meine Augen ganz auf das Licht zu konzentrieren, das am fernen Horizont vor uns zu sehen war, weder nach links noch rechts zu blicken und auf diesem geraden, aber schwierigen Pfad zu gehen, entschlossen und mit festem Glauben an ihn, Christus, dann würde Gott selbst mich führen . . .

Etwas später kamen wir zu einem Tal, das ganz mit Eis bedeckt und von Eisbergen umgeben war. Von oben fiel ein Licht auf die Landschaft und erleuchtete sie – es war dies eine unbeschreiblich schöne Gegend. Ich konnte mehrere Seelen sehen, die im Raum wie Fische im Wasser schwammen. Christus sagte mir ›Dies ist die Astralebene, zu der nur einige Auserwählte gelangen können‹. Danach verließ er mich und war verschwunden.

Den ganzen folgenden Tag lang versuchte ich zu ergründen, wie es möglich gewesen war, daß Christus gerade mich unter den vielen Millionen Menschen der Welt ausgesucht hatte, um mir die Gnade dieser Vision zu gewähren; ich war überwältigt von diesem Erlebnis.«

Der Autor dieser Aufzeichnungen, der sie in sein Tagebuch niederschrieb[14] und sie am Tage seines *darschanas* von Babadschi einem von dessen Schülern erzählte, starb noch in der Nacht nach seiner Begegnung mit ihm. In seiner Meditation hatte er oft um das körperliche *darschana* Babadschis gebeten, worauf ihm gesagt wurde, daß er Geduld haben und warten solle. Als die ersehnte Begegnung im Januar 1975 stattfand, erkannte er Babadschi sofort als identisch mit der Gestalt seiner Vision.

3. Mahendra Baba

Es ist das Verdienst des Schriftgelehrten, Propheten und Wandermönchs Mahendra Baba, die Anhänger Babadschis, welche ihm an verschiedenen Orten Indiens und unter verschiedenen Namen ihre Verehrung entgegenbrachten, durch seine Predigten und Veröffentlichungen zu vereinen.[15] Mahendra Baba ist, neben Lahiri Mahasaya, Babadschis bedeutendster, einer breiteren Öffentlichkeit bekannt gewordener Schüler und Eingeweihter.

Aus seiner tiefen Schau des geistigen Phänomens Babadschi hat er vorausgesagt, daß er wiederkommen wird als menschgewordener Gott Schiwa und als Guru, um all denen den Weg der Selbstreinigung zu zeigen, die einer echten Hingabe an das Göttliche fähig sind.

Mahendra Baba, der sich selbst *Tscharanasrit*, Diener zu Füßen des Herrn, nannte, war, wie Johannes der Täufer für Christus, ein Wegbereiter für das Wiedererscheinen Babadschis, zum ersten Male in der Geschichte einer großen Weltöffentlichkeit gegenüber. In seinen Schriften und Predigten betonte er besonders die Wichtigkeit der Gnade des Gurus, ohne welche Erleuchtung und Erlösung nach indischer Tradition nicht möglich sind. Der unerschütterliche Glaube seitens des Menschen und seine bedingungslose liebende Hingabe führe schließlich zur Vision des Göttlichen und zur Überwindung des Gespaltenseins. Wenn dann die Vision Gottes das Herz des Gläubigen gewonnen hat, könne das Göttliche überall geschaut werden. Auch prophezeite er, daß viele Menschen aller Nationen, Gesellschaftsschichten und Glaubensrichtungen zu seinen Anhängern zählen würden.

Mahendra Baba wurde zu Anfang dieses Jahrhunderts in Manakpur im nördlichen Bihar in einer Brahmanenfamilie geboren. Sein fünfter Geburtstag war der Anfang eines Lebens im Dienst einer selbstgewählten religiösen Aufgabe, denn an diesem Tag hatte er das *darschana* eines *mahatmas*, der ihm einige Süßigkeiten schenkte. Diese Begegnung beeindruckte den kleinen Jungen so sehr, daß er von nun an anfing, zu dem unbekannten Gönner zu beten. Nach zwei weiteren Visionen des *mahatmas*, zwischen seinem siebten und vierzehnten Lebensjahr, verließ er als noch nicht Volljähriger sein Elternhaus, um den Heiligen zu suchen.

Später beendete er die Universität Bhagalpur mit einem ›Master of Arts‹ und begann dann sein Leben als Wandermönch, das ihn durch ganz Indien führte, welches er siebenmal zu Fuß durchwanderte, immer auf der Suche nach dem *mahatma* seiner Kindheit. Da er nie bettelte, hatte er auf seinen Reisen, besonders in Südindien, viel Schweres durchzustehen.

Mahendra Babas Fußreisen führten ihn schließlich zu dem alten Heiligtum Ambadschi in der Großprovinz Gudscharat, wo er viele Jahre lang Mahaschakti in der Form der Göttin Durga verehrte. In Ambadschi, wo er eine beträchtliche Jüngerschaft um sich versammelte, erhielt Mahendra Baba im Jahre 1949 in einer Vision Weisungen, daß er in das Gebiet von Almora, im Vorgebirge des Himalaya, reisen solle, um dort seine Suche nach dem *mahatma* fortzusetzen.

In Almora selbst traf Mahendra Baba Menschen, bei denen er Babadschis Fotos als Haidakhan Baba sah und erkannte ihn sofort als den großen Guru seines Lebens wieder.

Darauf schloß er sich im Siddhaschram, einundzwanzig Kilometer westlich von Almora, der von Babadschi vor 1922 erbaut wurde, in einen Raum ein, nachdem er einen Schwur getan hatte, daß er in derselben Yogaposition so lange verharren würde, bis Babadschi ihm sein *darschana* gewähre.

Die größte Sehnsucht seines Lebens fand hier ihre Erfüllung: Babadschi erschien ihm als Lichtgestalt und segnete ihn und seine Arbeit. Nun versammelten sich viele Schüler um den Schriftgelehrten, unter denen sich auch eine große Anzahl alter Anhänger Babadschis befanden. Aus seiner prophetischen Schau heraus sprach Mahendra Baba sehr eindringlich von dem bevorstehenden Wiedererscheinen Haidakhan Babadschis. Diese Wiederkunft, so verkündete er seiner aufmerksamen Zuhörerschaft, würde einen Wendepunkt in der Menschheitsgeschichte bedeuten, denn durch die Inkarnation der göttlichen Macht als Sadaschiwa würde in den Menschen auch ein neues Bewußtsein geboren werden.

Im Jahre 1954 verbrachte Mahendra Baba einige Zeit in der Höhle von Haidakhan, wo sich Babadschi ihm körperlich manifestierte. Zu dieser Zeit entstand sein *Schri Munindra Sukta* des *Haidakhandi Arati,* ein Gebet zu Ehren Babadschis in der Verkörperung des ›Königs der Weisen‹.

Sein Hauptwerk, *Divya Kathamrit,* das im Stil der *Puranas* geschrieben ist, beinhaltet eine allesumfassende Vision, die ihm zuteil geworden war: Alle himmlischen Wesen kommen als Bittsteller zu Sadaschiwa, damit er, um der Gerechtigkeit willen und um die Gläubigen in der Wahrheit zu stärken, zu den Menschen auf die Erde hinabsteigt. Mahendra Baba gibt in diesem Werk auch seiner Überzeugung Ausdruck, daß jetzt die Zeit gekommen sei, die eine gnadenreiche, huldvolle Inkarnation, einen Avatar der Liebe als Schiwa-Schankara vonnöten hat; denn während alle Götter und Heiligen um ihrer selbst willen meditieren, widmet sich Schankara, nach dem Glauben der Hindus, als Verkörperung der Liebe und Güte, der tiefen Versenkung durch alle Ewigkeit hindurch zum Wohle des Universums.

Sadaschiwa gibt schließlich den inständigen Gebeten der Himmlischen nach und erscheint in der Welt als Babadschi. Für diese Zeit seines Wiedererscheinens hatte Mahendra Baba eine Gruppe seiner Schüler vorbereitet, damit sie ihn an bestimmten Zeichen erkennen würden.

Ein Jahr nach Mahendra Babas *mahasamadhi* im Juni 1969 erschien Babadschi wieder als *dakschinamurti*, in der Form des ewigen Jünglings, in welcher er durch alle Zeiten hindurch verehrt worden war.

Durch die Inbrunst seines Glaubens hatte Mahendra Baba die göttliche Kraft beschworen, den Menschen und insbesondere seinen Jüngern zu erscheinen. Seine Forschung hatte bewiesen, daß Babadschi den Menschen durch die Zeiten hindurch in vielen Formen erschienen war, daß er aber letztlich keine feste Form hat. Dazu sagte er:

> »Er, der das Maß aller Dinge ist, kann mit keinem Maßstab gemessen werden.«

Mahendra Babas Lebenswerk galt auch dem Bau von Tempeln und Aschrams und deren Erneuerung zu Ehren seines Gurus. Er ließ einen Tempel in Vrindaban bei Mathura, U. P., errichten und nannte ihn Samba Sada Schiwa Kund. Den Tempel in Katgharia Dham ließ er erneuern und eine Statue Babadschis errichten.

Am Abend vor der Einweihungszeremonie dieser Statue[16], sechs Tage nach dem heiligen Fest von *Schiwaratri*, hatten sich über tausend Gläubige aus allen Teilen Indiens versammelt, zum ständigen Gebet, zum Rezitieren von Mantras und zum Singen von religiösen Hymnen. Die Andacht dauerte bis in die späten Abendstunden, als plötzlich, um Mitternacht, ein helles Licht (dschyoti) über der versammelten Gemeinde der Gläubigen erschien und über ihren Häuptern stehen blieb.

Aus diesem Licht heraus manifestierte sich Babadschi in seiner in der Gegend bekannten Form als Haidakhan Baba, mit himalaischer Ohrenkappe (*Kantschhopi topa*) und langem Hemd (*kurta*) bekleidet. Einige Minuten lang verweilte die Erscheinung, dann löste sie sich wieder in Licht auf und zog in die Statue ein, die am nächsten Tag eingeweiht werden sollte. Die Lichterscheinung löste unter den Anwesenden einen solchen Zustand der Glückseligkeit aus, daß die Feier zu einem großen Freudenfest wurde.

Wie sein Meister war auch Mahendra Baba ein *siddha yogi*, ein mit geistigen Kräften begabter Asket. Durch diese Fähigkeiten wurden viele Skeptiker bewogen, an die Macht Babadschis und die Sendung Mahendra Babas in seinem Auftrag zu glauben. Nach einer Aussage Babadschis wird Mahendra Baba wiederkommen als großer Heiliger und Weltenfürst.

4. Erlebnisberichte nach 1970

»Mein Vater war schon fünfundzwanzig Jahre lang tot, da geschah es, daß er mir eines Nachts im Traum erschien, das war im Juni 1970«, beginnt Tschandramani seine Erzählung. Als Dorfbewohner aus der Gegend von Haidakhan war er der erste gewesen, der Babadschi wiederbegegnete, und ihm, als dem im Kumaongebirge verehrten Baba Haidakhan, seine Verehrung entgegenbrachte.[17]

Im Jahr davor hatte Babadschi, noch unerkannt, einem bei dem Waldheiligtum Surya Devi, zwischen Haldwani und Haidakhan, lebenden Einsiedler seinen Dienst erwiesen. Babadschi hatte den Schwerkranken gepflegt, ihm das Essen bereitet, seine Kleider gewaschen.[18] Erst später, als Babadschi in der Gegend wieder öffentlich bekannt geworden war, durchschaute der Einsiedler die Zusammenhänge.

Einem ihm heute sehr nahestehenden Schüler, der damals bei einem Holzhändler angestellt war und der in der Gegend von Haidakhan zu Hause ist, begegnete Babadschi Anfang des Jahres 1970 als alter Mann in einer kleinen Waldherberge unterhalb des Dörfchens Okhaldunga[19], das sich auf halbem Weg in den Bergen zwischen Haldwani und Haidakhan befindet.

Der alte *sadhu* hatte ihn öfters aufgefordert, ihn zum Bad zu begleiten, das er in der Nähe der Höhle bei Haidakhan zu nehmen pflegte. Eines Tages nun sah dieser Schüler, wie der sadhu als dunkelhäutiger, bärtiger alter Mann in der Höhle verschwand und kaum fünf Minuten später als hellhäutiger Jüngling wieder herauskam.

»Mein Vater ließ mich wissen«, fährt Tschandramani fort, »daß Baba Haidakhan wieder im Körper eines jungen Mannes erschienen war und in der Höhle bei Haidakhan zu finden sei. ›Gehe hin zur Höhle‹, sagte er mir, ›und erweise Babadschi deine Ehrerbietung, denn es besteht kein Zweifel darüber, daß er es wirklich ist. Auch rate ich dir, wer immer es auch sein mag, der daran zweifelt, kümmere dich um niemand. Und noch eines sage ich dir: Nie sollst du ihn verlassen, komme was mag.‹

Als ich aufwachte, stellte ich fest, daß es erst vier Uhr morgens war. Sofort machte ich mich auf und ging zu der Höhle, die mir in meinem Traum bedeutet worden war. Als ich dort ankam, sah ich beim Schein eines kleinen Öllämpchens einen ehrwürdigen Alten sitzen. Er hatte einen langen, weißen Bart und war mit einem weißen Tuch bekleidet. Als er mich erblickte, sagte er: ›Mein Kind, kehre sofort nach Hause zurück und komme erst in drei Tagen wieder.‹

Ich ging zwar nach Hause zurück, kehrte aber sogleich mit einem Krug voll Milch wieder um. Doch wie groß war mein Erstaunen, als ich in der Höhle anstelle des ehrwürdigen Alten dort einen jungen *sadhu* sitzen sah, der nicht älter als zweiundzwanzig Jahre sein konnte und der dunkle Haare und einen langen schwarzen Bart hatte! Er trank ein wenig von der Milch, die ich ihm gebracht hatte, und sagte dann zu mir: ›Erzähle niemandem, was du in der Höhle gesehen hast.‹

Die beiden folgenden Tage ging ich wieder zur Höhle, doch fand ich ihn nicht mehr dort, sah ihn aber am dritten Tag oben im Tempel, gegenüber der Höhle, auf der anderen Seite des Gautama Flusses. In diesem Tempel blieb er fünfzehn Tage lang und begab sich dann auf den Kailasch hinauf, wo er fünfundvierzig Tage lang völlig unbeweglich in demselben *yoga asana* (Yogaposition) meditierte.

Während dieser ganzen Zeit war ich immer bei ihm und habe ihn nicht ein einziges Mal aufstehen sehen, nicht einmal, um sein Bad zu nehmen. Als er schließlich aus seiner tiefen Meditation herauskam, fragte ich ihn, wie er denn baden würde[20], denn ringsumher konnte ich nirgends Wasser sehen. Da antwortete er mir: ›Ich

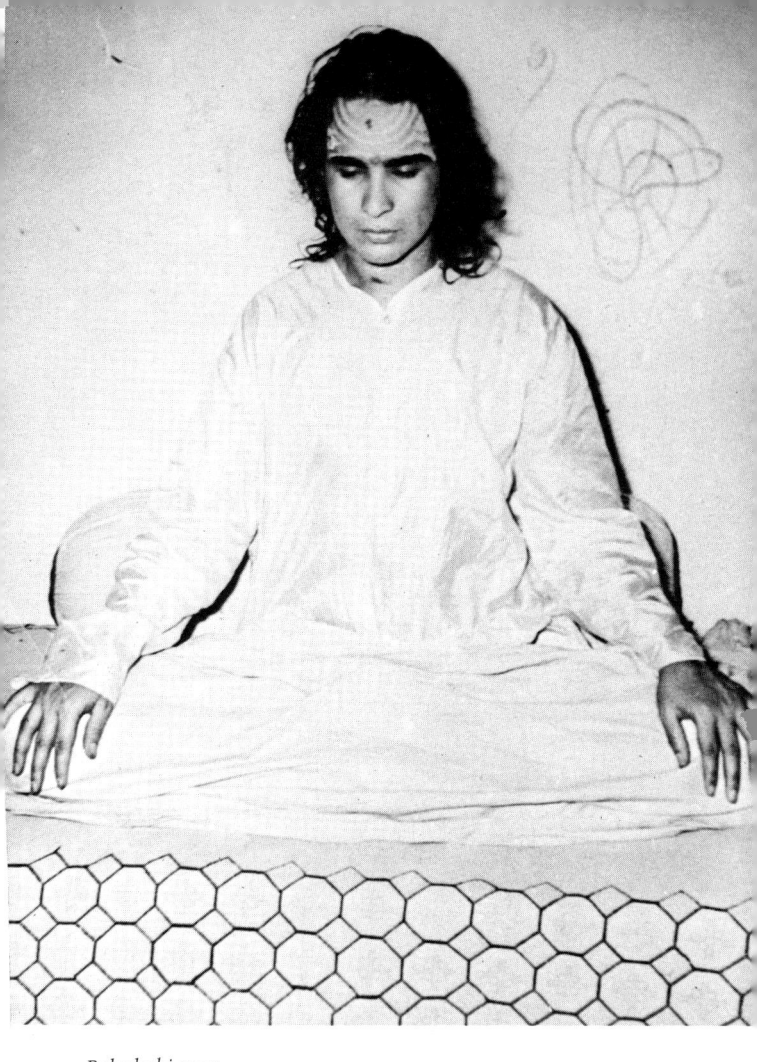

Babadschi 1971

Höhle am Fuße des Kailasch

Babadschi 1971

Der Berg Kailasch

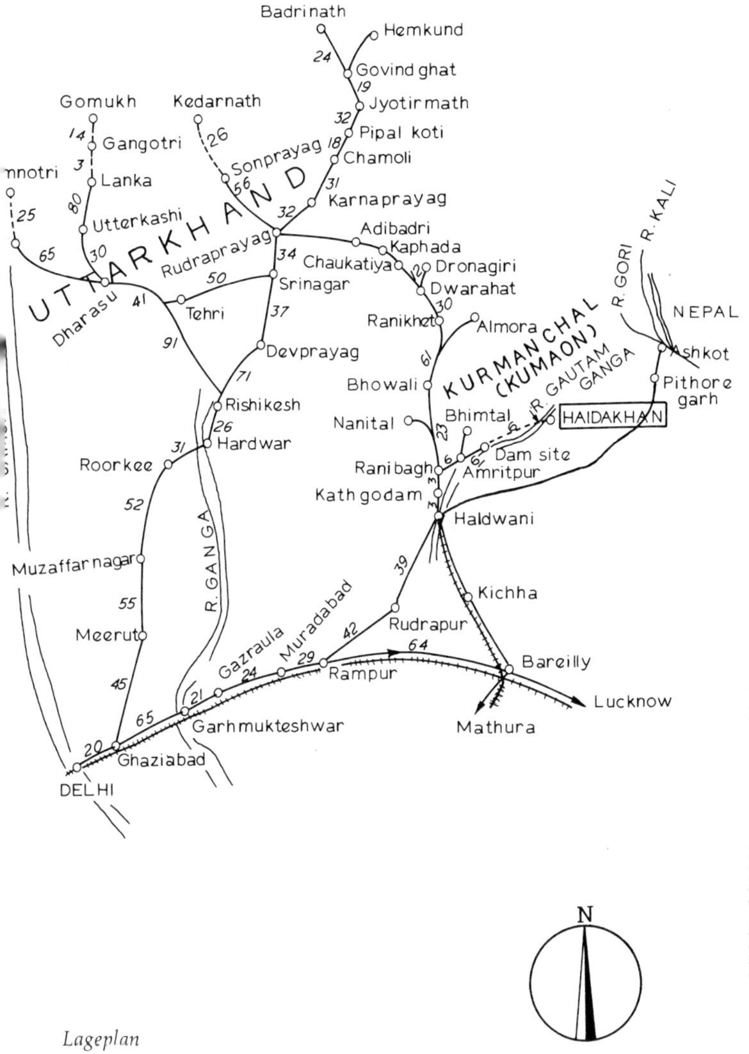

Badrinath
Hemkund
Govind ghat
Jyotirmath
Pipal koti
Chamoli
Karnaprayag
Gomukh
Kedarnath
Gangotri
Lanka
Sonprayag
Utterkashi
UTTARKHAND
Rudraprayag
Adibadri
Kaphada
Chaukatiya
Dronagiri
Dwarahat
Srinagar
Tehri
Dharasu
Ranikhet
Almora
Devprayag
KURMANCHAL (KUMAON)
R. GAUTAM GANGA
R. GORI
R. KALI
NEPAL
Ashkot
Pithore garh
Bhowali
Rishikesh
Nanital
Bhimtal
HAIDAKHAN
Dam site
Hardwar
Roorkee
Ranibagh
Amritpur
Kathgodam
Haldwani
Muzaffarnagar
R. GANGA
Kichha
Rudrapur
Muradabad
Meerut
Gazraula
Rampur
Bareilly
Lucknow
Garhmukteshwar
Mathura
Ghaziabad
DELHI
N

Lageplan

Oben links:
Babadschi 1972

Oben rechts:
*Haidakhan Baba,
vor 1922 in
Almora*

rechts:
*Haidakhan Baba,
vor 1922 in
Katgharia Aschram*

Babadschi 1971/72 im Kumaon Gebirge

Der Aschram in Haidakhan

Eingang zum Aschram

Der Aschram in Haidakhan

Mahendra Baba 1969

*Der Schiwatempel
im Aschram Haidakhan*

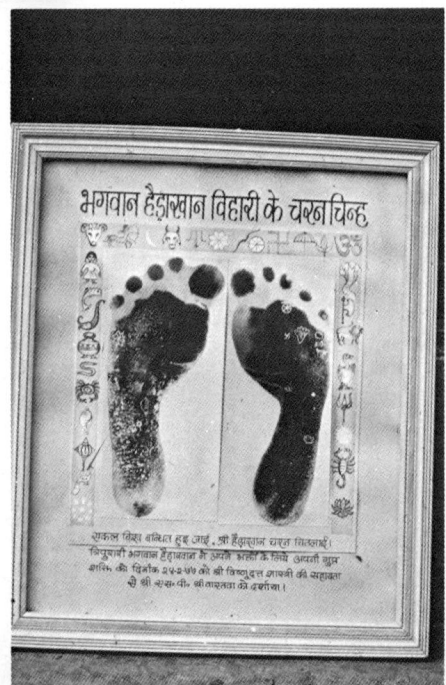

भगवान हैदाखान विहारी के चरण चिन्ह

Fußabdruck Babadschis,

1977

›Puran Ahuti‹ eines ›Yagyas‹, 1971

Babadschi 1975 während eines ›Yagyas‹

Babadschi 1976 während einer Hochzeit

ॐ नमःशिवाय

Babadschi 1976

Der Aschram in Haidakhan mit den beiden Bodhibäumen

Babadschi 1971

befehle dem Wind, mir Wasser zu bringen, und bade darin.‹ Da bemerkte ich, daß seine schönen langen Haare vor Wasser tropften und daß sein göttlicher Körper ganz naß war.

Eines Morgens, etwa gegen drei Uhr, verspürte ich plötzlich einen quälenden Durst. Ich sprach darüber zu Baba, doch entgegnete er, daß im Umkreis von drei Kilometern kein Wasser zu finden sei und daß es um diese Zeit nicht möglich sei, welches zu suchen. Ich hatte aber solchen Durst, daß ich sogar anfing zu weinen und mich bei ihm beschwerte, daß es ihm doch als göttliche Inkarnation eine Kleinigkeit sei, Wasser für mich herbeizuschaffen.

Und da ich mich gar nicht beruhigen wollte, nahm er mich schließlich liebevoll bei der Hand und führte mich zum *Schiwa lingam*, der unweit von seinem Meditationsort entfernt war. Kaum waren wir zwei Schritte weit gegangen, als an beiden Seiten des *lingams* eine Quelle zu fließen begann, eine aus Wasser und eine aus Milch. Der Wasserstrahl war so stark, daß der Herr und ich uns beide gut darin baden konnten. Seit jenem Tage habe ich jedoch dort nie wieder weder Wasser noch Milch fließen sehen. Als ich Baba einmal daraufhin ansprach, sagte er mir: ›An diesem Tag warst du so durstig, daß Gott einfach Wasser für dich herbeischaffen mußte, doch wird dies nie wieder geschehen.‹

Während ich mit ihm auf dem Kailasch war, sagte der Herr eines Tages zu mir: ›Tschandramani, heute wird ein Löwe hierherkommen, habe keine Angst.‹ Sobald er dies gesagt hatte, kam auch wirklich ein Löwe herbei, der auf Baba zuging wie ein Hund zu seinem Herrn, er wedelte mit dem Schwanz und legte sich zu seinen Füßen nieder. Als der Herr dann mit den Fingern schnalzte, verschwand der Löwe wieder, so plötzlich, wie er erschienen war. Ich hatte außerdem noch zweimal Gelegenheit, den Löwen bei der Höhle unten zu sehen, jedes Mal verhielt er sich wie ein Schoßhund.

Ein anderes Mal sagte der Herr zu mir im selben Ton wie zuvor: ›Es wird eine große Kobra kommen, habe keine Angst.‹ Da rückte ich so nahe wie möglich an den Herrn heran. Auch diesmal wieder, kaum hatte er gesprochen, kam eine riesige, zweieinhalb Meter lange, goldglänzende Kobra herangeglitten, wand sich um seinen Körper, richtete ihren goldenen Kopf über dem Haupte Babas auf und verharrte etwa zwanzig Minuten lang in dieser Stellung. Dann glitt sie, über meinen Schoß hinweg, herunter und schlängelte sich fort.

Einmal, während dieser Tage auf dem Kailasch, hatte ich mit dem

Herrn einen ernsthaften Wortwechsel. Der Anlaß war der, daß Baba, nachdem er fünfundvierzig Tage lang in seiner Yogahaltung meditiert hatte, plötzlich aufstand und zu mir sagte: ›Ich werde nicht nach Haidakhan zurückkehren, ich gehe ins Himalayagebirge hinauf.‹

Nun begann ich ihn inständig darum zu bitten, doch zu bleiben, und fragte ihn schließlich: ›Wenn du mich einfach so verlassen willst, warum hast du mich dann gerufen und mir erlaubt, dir so nahe zu kommen? Ich werde dich jetzt nicht mehr gehen lassen.‹

Baba versuchte mir mit harten wie mit gütigen Worten seinen Standpunkt klarzumachen, doch schenkte ich seinen Erklärungen kein Gehör, mein geliebter Herr mußte einfach bei mir bleiben.

An diesem fünfundvierzigsten Tag, als Baba sich von seinem Sitz erhob, wurde in Haidakhan ein großes *yagya*, mit einer Lesung der heiligen Schriften und anschließendem *bhandara* (Festmahl) gehalten. Zu diesem Anlaß kam Baba vom Berg herunter.

Baba war zur *pudscha* im Tempel anwesend und fragte mich nach deren Beendigung: ›Tschandramani, kannst du von vier Pfund Zutaten jeden Tag *prasada* (den Göttern geopferte und gesegnete Speise, die anschließend unter die Gläubigen verteilt wird) zubereiten lassen und es unter alle Anwesenden austeilen?‹ Ich erwiderte, daß ich dies ohne weiteres könnte, und tat, wie mir geheißen war.

Das Erstaunliche bei dieser Angelegenheit war, daß, ob nun zehn oder tausend Menschen täglich zum Fest kamen, die Speise immer gerade ausreichend war für die Anzahl der Menschen, die sich versammelt hatte, nie war es entweder zu viel oder zu wenig.

Insgesamt verbrachte ich mit Baba fünfundvierzig Tage auf dem Kailasch und blieb dann noch drei Monate bei ihm in der Höhle, ohne auch nur einmal nach Hause zu gehen, so daß meine Familie sich schon beschwerte, ich sei ein Yogi geworden. Während dieser ganzen Zeit aßen und tranken weder Baba noch ich das Allergeringste. Immer wenn ich auf die andere Seite des Gautama Flusses ging, verspürte ich ein nagendes Hungergefühl, doch sobald ich den Fluß wieder überquerte, um zur Höhle zurückzukehren, war mir, als ob ich eine ganze Mahlzeit genossen hätte.

Während dieser Zeit, kurz nach seinem Erscheinen, schlief ich sogar neben Baba in der Höhle. Wir teilten eine Decke, und er pflegte mich einzuschläfern, so wie dies eine Mutter tut, die um ihr Kind besorgt ist.

Immer wenn Baba in der Höhle meditierte, schien ein leuchtend heller Lichtstrahl vom Tempel herunter und fiel auf den Herrn. Manchmal sah ich auch solche Lichtstrahlen aus seinen Augen hervorschießen und auf den *Schiwa lingam* in der Höhle fallen. Diese Phänomene haben übrigens auch außer mir noch andere Menschen bemerkt, die noch heute im Dorf leben und die Wahrheit dieses Erlebnisses bestätigen können.

Im Dezember 1970, während der kalten Winternächte, nahm Baba sein Bad für gewöhnlich gegen vier Uhr morgens und blieb eine Stunde lang im Wasser. Ich saß währenddessen in der Nähe am Flußrand und sah jedes Mal einen Strahl überirdischen Lichts auf dem Wasser.

Einmal begleitete ich Baba auf den Siddheschwar Berg, der etwa viereinhalb Kilometer von Haidakhan entfernt ist. Wir verbrachten auch die Nacht dort oben. Baba ließ sich zum Meditieren nieder, und ich setzte mich ganz nahe zu ihm. Während er im Zustand tiefster Versenkung (*samadhi*) war, strahlte sein Körper ein wunderbar-göttliches Licht aus, das in mir ein überwältigendes Gefühl gläubigen Erschauerns auslöste.

Als ich Baba zum ersten Mal in der Höhle gesehen hatte, war ich überrascht gewesen, daß er mich mit meinem Namen angeredet hatte. Ich fragte ihn einmal, woher er denn wüßte, wie ich heiße. Da hatte er geantwortet: ›Dein Vater war ein mir sehr ergebener Schüler, damals warst du noch nicht einmal geboren.‹ Und er fuhr fort, mein Haus zu beschreiben, was wir auf unserem Feld anpflanzten, was für Bäume damals um unser Haus standen, als mein Vater noch am Leben war. Als ich meine Mutter darüber befragte, bestätigte sie mir alles bis in die kleinsten Einzelheiten; auch sie lebt heute noch und kann dies alles bezeugen.

1973 wurde die offene Halle neben dem Tempel gebaut, und man hatte mich beauftragt, die Organisation der Bauarbeiten zu leiten. Einmal ging ich von zu Hause so um die Mittagszeit weg, als meine Frau kurz danach so starke Unterleibsschmerzen bekam, daß sie glaubte, sie würde nicht überleben. Sie schickte deshalb meinen Sohn, um mich wieder zurückholen zu lassen. Kaum aber war der Junge aus dem Hause gegangen, als er Baba kommen sah. Er ging ins Zimmer, fühlte meiner Frau den Puls und rieb sie dann mit *vibhuti* (heilige Asche aus der rituellen Feuerstelle) ein, wonach sie sich augenblicklich wieder gesund fühlte.

Als ich am Abend nach Hause kam, erzählte sie mir, was sich zugetragen hatte, doch konnte ich es ihr einfach nicht glauben; um genau dieselbe Zeit war Baba nämlich bei mir im Tempel gewesen, und mein Haus ist gut drei Kilometer vom Aschram entfernt. Diese Begebenheit wurde sogar zum Anlaß einer Streiterei zwischen uns.

Als ich am nächsten Tag frühzeitig zum Tempel ging und dem Herrn meine Ehrerbietung (*pranama*) bot, fragte er mich gleich: ›Geht es deiner Frau jetzt wieder gut? Warum hast du mit ihr gestritten? Ich bin wirklich bei dir zu Hause gewesen.‹ Da senkte ich den Kopf und schwieg beschämt.

Meine Freunde«, so beschließt Tschandramani seine Erzählung, »ich kann nicht wissen, wer dem Herrn am nächsten ist. Eins aber weiß ich sicher, aufgrund seiner unendlichen Gnade wurde mir das große Glück zuteil, in diesem sterblichen Körper seit Beginn seines Wiederkommens bei ihm sein zu dürfen. Er hat mir seine grenzenlose Liebe geschenkt, und wenn ich noch einen Wunsch habe, so ist es der, nie mehr von ihm getrennt zu sein, und daß er mir seine Liebe und Güte durch alle Zeiten hindurch erhalten möge.«

Mit Babadschis Wiedererscheinen rückte auch die Frage nach seiner Identität in den Vordergrund des öffentlichen Interesses. Die Schüler Mahendra Babas waren auf eine zu erwartende Manifestation vorbereitet worden. Einige von ihnen empfanden den großen *siddha yogi* als eins geworden mit der göttlichen Substanz seines Meisters und warteten auf einen Avatar, der dem von Mahendra Baba verkündeten und vorgelebten Gottesbild entsprach.

Diejenigen, die Baba Haidakhan noch als alten Mann zu Beginn des Jahrhunderts gekannt hatten, erwarteten eine Wiederkunft Babadschis in einem alten Körper; und das Anliegen der Leser von Yoganandas *Autobiografie* war, festzustellen, ob dieser unbekannte Jüngling tatsächlich der Guru Lahiri Mahasayas sei und auch sie in *kriya yoga* unterrichten würde. Wieder andere hofften auf Bestätigung von Zeichen, Träumen, Visionen, die ihnen persönlich zuteil geworden waren und hinter denen sie meist eine Verbindung zu ihrem eigenen Guru vermuteten, der vor seinem *samadhi* oder auch nachher bedeutet hatte, daß er wiederkommen würde. Diese unterschiedlichen Haltungen und Erwartungen spiegeln eine Reihe von Erlebnisberichten wieder:

»Seitdem mein Guru ins *samadhi* eingegangen war, fühlte ich mich so unglücklich, daß ich sogar meine Arbeit vernachlässigte. Eines Nachts nun, als ich mich wieder in einem Zustand der Beunruhigung befand, erschien mir mein Guru. Er sprach sehr liebevoll zu mir und sagte: ›Sorge dich nicht. Ich werde bald wiederkommen, fasse Mut und rufe in deiner Meditation den Namen Gottes an.‹

Ich hielt mich an seine Anweisungen, und später ist mir mein Guru noch öfter erschienen, auch umgeben von *devatas* (göttlichen Wesenheiten). Einmal sprach mein Guru wieder zu mir in solch einer Vision und sagte: ›Schwere Zeiten stehen bevor, ein Avatar wird erscheinen.‹

Nun überlegte ich, daß es mir durch die Gnade meines Gurus vergönnt sein möge, diesen Avatar vor seinem Erscheinen auf der Erde zu schauen, so daß ich an seiner Person später nicht zweifeln würde. Dieser Wunsch wurde mir auch im Jahre 1965 gewährt, als ich mich einmal im Zustand tiefer Meditation befand:

Vor meinem inneren Auge sah ich, wie alles in tiefe Dunkelheit gehüllt war. Ein heftiger Kampf wurde ausgetragen in einer allgemeinen Situation, wo sich keiner mehr um seinen Nächsten kümmerte. Plötzlich leuchtete ein Blitzstrahl auf, und ich hörte, wie alles rief: ›Der Avatar ist gekommen, der Avatar ist gekommen.‹ In dem Licht des Blitzes sah ich ein weißes Pferd und auf ihm den Avatar. Er hatte ein schönes Antlitz, einen kleinen Bart und trug die Insignien eines Königs . . .

Es waren mehrere Jahre vergangen, als ich in der Nacht des dreiundzwanzigsten Dezember 1974 in der Meditation eine Vision des Gottes Schiwa hatte. Am nächsten Morgen beschrieb ich sie einem Anhänger Baba Haidakhans: ›Ich sah den Herrn im *samadhi* sitzen. Er hatte ein schönes, ebenmäßiges Gesicht, einen kleinen Bart und einen langen geknoteten Haarschweif an seinem geschorenen Hinterkopf.[21] Es wurden religiöse Hymnen gesungen, und um ihn herum waren fünf *sadhus*, die sagten: ›Er ist der Avatar.‹

Dann erfuhr ich, daß Baba Haidakhan am elften Januar nach Dschullundur (Großprovinz Pundschab) kommen würde. Ich ließ mich von meiner Arbeit beurlauben und fuhr dorthin. Als ich Baba Haidakhan erblickte, empfand ich ein solches überwältigendes Gefühl von Glückseligkeit, daß ich das Bedürfnis hatte, mich immer wieder vor ihm zu verneigen – alle Zeichen meiner Vision fand ich bestätigt . . .

Noch am selben Abend hatte ich eine Vision, während ich mein Bad draußen im Freien nahm: Es war eine helle Sternennacht, und als ich zum Himmel aufsah, sah ich einen kostbaren Palast, in dem ein Treffen der Götter stattfand. Auf einem großen Teppich saß

Babadschi in Gestalt des Gottes Schiwa; diese Vision blieb mir eine ganze Stunde lang.«

»Viele Jahre lang war mir der Segen und die Liebe Mahendra Babas zuteil geworden, wobei ich immer geglaubt habe, daß er und Bhagwan Haidakhan ein göttliches Wesen in zwei verschiedenen Körpern sei.

Als Mahendra Baba dann in seinen *mahasamadhi* eingegangen war, war eine Leere geblieben, die durch nichts gefüllt werden konnte. Oft war ich aber seiner Worte eingedenk, die auch den eigentlichen Sinn seiner Lehre beinhalten: ›Wenn deine Hinwendung an das Göttliche echt ist, wenn du wirklich seiner unendlichen Gnade gewahr bist und du dich ihm ganz überantwortest, dann kannst du ihn herbeiziehen.‹ Die Wahrheit dieser Lehre erkannte ich allmählich immer deutlicher.

Ich betete des öfteren inständig zu Mahendra Baba, mir ein Zeichen zu geben, daß Baba Haidakhan durch seinen Körper wiedererscheinen würde. Und eines Nachts träumte mir auch, daß Mahendra Baba von den Toten auferstanden war, die drei Treppen, die zur Höhle in Haidakhan führen, hinaufgestiegen war und sich dort in Meditationshaltung (*siddhasana*) niederließ. Als dies die Gläubigen um ihn herum sahen, tanzten sie vor Freude. Dies war mir ein sicheres Zeichen, daß Bhagawan Haidakhan wiedererschienen war.

Und tatsächlich, einige Tage später erzählte mir ein Freund, daß er die Nachricht erhalten habe, Babadschi sei in der Höhle zu Haidakhan in *siddhasana* sitzend gesehen worden; er sei es auch wirklich und kein anderer. Ich verspürte den unaussprechlich starken Wunsch, Babadschis *darschana* zu erhalten, und einige von uns, alles Schüler von Mahendra Baba, trafen daraufhin auch gleich die nötigen Vorbereitungen, nach Haidakhan zu fahren.

Wir kamen an einem Sonntagmorgen um sieben Uhr bei der Höhle an, und ich sah Babadschi dort tatsächlich auf der dritten Stufe in *siddhasana* sitzen und genau dieselben Kleider tragen wie Mahendra Baba, als er von den Toten auferstanden war, wie ich dies in meinem Traum geschaut hatte.

Am nächsten Tag hatte ich zum zweiten Mal Babadschis *darschana*. Inzwischen waren mir aber Zweifel an seiner Identität gekommen: Ich konnte einfach nicht recht glauben, daß dieser junge Heilige wirklich Baba Haidakhan war, und befürchtete, daß wir alle einem falschen Heiligen huldigten . . . Ich äußerte diese nagenden Zweifel auch meinen Mitbrüdern gegenüber. Gleichzeitig fing ich innerlich ernsthaft an zu bitten, daß er mir doch ein Zeichen geben möge, wodurch ich an ihn glauben könnte.

Während ich mich so mit meinen Brüdern unterhielt, sah ich, daß Babadschi mich zu sich winkte. Ich ging zu ihm hin, verbeugte mich und stand mit gefalteten Händen vor ihm. Da fragte er mich: ›Mein Sohn, welche Bücher hast du gebracht?‹ Ich sagte ihm, daß ich eine Ausgabe von Mahendra Babas *Divya Kathamrit* bei mir habe sowie eine Sammlung religiöser Lieder. Als er seine Frage wiederholte, fiel mir plötzlich ein, daß ich noch ein Büchlein bei mir hatte, in welches mein Vater einige Zeilen in seiner eigenen Handschrift zum Lobe des Herrn geschrieben hatte. Ich erwähnte dieses Buch Babadschi gegenüber, und er sagte mir, ich solle es aus meiner Tasche holen.

Ohne es anzuschauen, blätterte Babadschi es durch, hielt bei irgendeiner Seite an, zeigte mit seinem Finger auf eine Zeile und sagte mir, ich solle lesen. Die ganze Zeit hatte der Herr mich lächelnd angeschaut, ohne auch nur einmal den Blick auf das Buch zu richten. Die Zeile, welche er mir zeigte, lautete: ›Mein Herz, hast du vergessen, daß dein *sadguru* (höchster Meister) Schankara (Schiwa als Friedensfürst) selbst ist?‹ Dies hatte mein Vater in seiner Hand geschrieben.

Durch dieses Zeichen verschwanden alle meine Zweifel, und ich beugte mich, überwältigt von seiner Allwissenheit, augenblicklich zu seinen Füßen nieder.«

Es war im November 1970, als Pandit Goverdhan eines Tages auf dem Weg von Katgharia Dham nach Haldwani war, um dort Gemüse einzukaufen. Auf dem Markt in Haldwani kam ein uralter Mann mit langem Bart auf ihn zu, klopfte ihm freundschaftlich auf die Schulter, fragte ihn nach seinem Befinden und wie alt er inzwischen sei.

Der Pandit erwiderte den Gruß und fügte hinzu, daß auch er neugierig sei, sein Alter zu erfahren. Daraufhin sagte ihm der Greis: ›Einhundertunddreißig‹. Sofort glaubte Pandit Goverdhan Baba Haidakhan vor sich zu haben und lud ihn zum Teetrinken ein. Kaum aber waren sie einige Schritte gegangen, drehte der Pandit sich um und sah, daß der Greis verschwunden war.

Einige Tage später erzählte ihm einer seiner Söhne, daß man in Haidakhan einen jungen Heiligen gesehen hätte, der jetzt gerade oben auf dem Kailasch sei. Der Pandit schickte seinen Sohn voraus, um sein *darschana* zu erhalten, und folgte ihm etwas später nach.

Als er zur Höhle am Fuß des Kailasch Berges kam, sah er Babadschi dort sitzen, während *kirtan* gesungen wurde. Der Pandit überlegte, wie er Babadschi wohl wiedererkennen könne, jetzt, da er in einem jungen Körper erschienen war. Da fiel ihm aus seiner Kindheit ein, daß er durch drei Zeichen seine Identität sicher erfahren könne: durch das dritte Auge auf seiner Stirn, die Narben an seinem Körper und durch sein Vermögen, sich in einem Augenblick von einem Ort zum anderen zu bewegen.

Am nächsten Morgen wollte der Pandit sich die Narben an Babadschis Körper betrachten, doch wachte er zu spät auf und fand Babadschi, der bereits gebadet hatte, mit einer Decke umhüllt in der Höhle sitzen. Am selben Morgen jedoch nahm Babadschi ihn mit hinüber zum Tempel. Sie waren kaum einige Schritte zusammen gegangen, als er Babadschi bereits auf der anderen Seite des Flusses gehen sah.

Ein ehemaliges führendes Mitglied der indischen Kongreßpartei leitete im September 1971 sogar ein Gerichtsverfahren gegen Babadschi ein mit der Anklage, daß er fälschlicherweise Anspruch erhebe, mit einem in der Gegend hochverehrten Heiligen identisch zu sein. Babadschi, der vor Gericht erschien, bestätigte sowohl seinen Namen als Baba Haidakhan sowie sein Alter als derselbe von einhundertunddreißig Jahren.

Über dieses Ereignis berichtete der Herausgeber einer Wochenzeitschrift aus Haldwani:[22]

»Ich verließ Haldwani genau um zwei Uhr nachmittags. Als ich aber in Katgharia Dham ankam, erfuhr ich, daß Babadschi sich zurückgezogen hatte, doch ließ er mich eine halbe Stunde später zu sich rufen. Bei diesem Zusammentreffen waren noch einige andere Menschen zugegen, die mit mir gekommen waren.

Ich stellte Babadschi folgende Fragen: ›Die Begebenheiten gestern bei Gericht waren nicht nur beleidigend für die Gläubigen, die durch Ihre Aussagen verunsichert wurden, sondern alles, was sich gestern bei Gericht zugetragen hat, bedeutet einen direkten Affront gegen Baba Haidakhan selbst. Warum haben Sie es nötig, die Menschen durch Ihre Aussagen irrezuführen? Wenn Sie tatsächlich mit Baba Haidakhan identisch sind, der wegen seiner göttlichen Kräfte weithin bekannt war und der in der Gegend hier allgemein verehrt wird, warum haben Sie dann nicht die Entscheidung des Richters zu Ihren Gunsten beeinflußt? Welche Absicht verfolgten Sie durch Ihr Auftreten?‹

Auf all diese Fragen gab er nur diese eine Antwort: ›Es ist den Menschen eigen zu zweifeln, nur der Glaube führt zur Wahrheit.‹ Mit dieser Aussage konnte ich mich nicht zufrieden geben, deshalb fragte ich weiter: ›Sollten Sie wirklich derselbe Baba Haidakhan sein, so sind wir, was uns anbelangt, in keinster Weise an einer Demonstration Ihrer übernatürlichen Fähigkeiten interessiert. Um aber die Zweifel zu bereinigen, die nun die Menschen bewegen, sollten Sie nur *ein* Wunder tun, um sie glauben zu machen. Dadurch würden alle die Menschen, die gestern den Eindruck gewannen, daß die Begebenheiten bei Gericht nur die Propaganda eines Betrügers waren, ihren Glauben wiedergewinnen.‹

Darauf antwortete Babadschi: ›Das Wunder (wörtl. *lila,* göttliches Drama) geschieht bereits.‹ Ich aber entgegnete ihm: ›Ich werde diesen Ort nicht eher verlassen, als bis ich die ganze Wahrheit erfahren habe. Was immer ich schreiben werde in meinem Bericht an die Zeitung, soll Ihre Botschaft an die Menschen sein. Lassen Sie mich deshalb bitte die Tatsachen wissen.‹

Sofort schloß Babadschi die Augen, und was ich nun sah, kann man unmöglich in Worte fassen – ich war völlig überwältigt von der Schau der vielen göttlichen Formen, die er mir offenbarte und die sich mir alle in einem unbeschreiblichen Lichtglanz zeigten.

Ich perspirierte am ganzen Körper, brach in Tränen aus und warf mich ihm zu Füßen; dann bat ich ihn, die Visionen sofort einzustellen, denn sie hatten alle meine Fragen beantwortet und mir sämtliche Zweifel genommen.

Was mich anbetrifft, so habe ich seit diesem Augenblick unbedingten Glauben an ihn, und dies ist auch Babadschis Botschaft, die ich für euch habe: ›Glaubet.‹«

»Eines Tages, als ich noch in den USA wohnte, besuchte ich eine Bekannte, die geistig sehr hochstehend ist. Im Verlauf unserer Unterhaltung hatte sie eine Vision, in der sie einen sehr alten mageren Mann mit einem Bart sah und der, wie sie sich ausdrückte, unwahrscheinlich gütige Augen hatte, die wie ein ganzes Sonnensystem strahlten; nie zuvor hätte sie je solche Augen gesehen.

Durch ihre Beschreibung erkannte ich sofort meinen Guru Schri Rantschhoddasdschi, der seit mehreren Jahren schon in seinen *samadhi* eingegangen war. Ich bat ihn inständig, daß er mir doch direkt erscheinen möge, doch sprach er weiterhin nur durch meine Bekannte. Durch sie erfuhr ich auch von seinen Anweisungen für mich: ›Wenn er während der nächsten drei Jahre nach Indien reist, werde ich ihm dort in einem Körper begegnen, der dem eines gewöhnlichen Menschen gleicht, der aber nicht von einer Frau geboren ist.‹

Ich ließ ihn durch meine Bekannte fragen, ob er mir in der Form erscheinen würde, in welcher ich ihn vor seinem *samadhi* gekannt hatte, oder ob er mir als Mahavatar Babadschi begegnen würde, zu dem ich seit Jahren gebetet hatte. Er ließ mir antworten, daß es ganz an mir läge, diesen Körper zu erkennen. Auch ließ er mir sagen, ihn nirgendwo zu suchen, da er mich selbst finden würde.

Als ich dann im Oktober 1975 nach Indien reiste, wohnte ich erst im Hause meiner Eltern in Bombay. Dort besuchte mich kurz nach meiner Ankunft ein Freund und Bruder, der auch Schüler meines Gurus war. Er trug mir auf, ich solle mich gleich bereit machen für das *darschana* Bhagawan Haidakhans, der in einem jungen Körper wiedererschienen und sowohl mit unserem Guru als auch mit Mahavatar Babadschi identisch sei; dies habe er ihm persönlich bestätigt.

Damals wurde unter Anwesenheit Babadschis in Sultanpur, einem kleinen Dörfchen bei Kota in Radschasthan, ein großes *yagya* zelebriert. Als ich dort sein *darschana* erhielt, sagte er mir, daß ich nun mit meinem Freund quitt sei. Ich hatte diesen nämlich vor Jahren zu meinem Guru gebracht, während er mich jetzt zu Babadschi geführt hatte.«

»Gegen Ende des Jahres 1974 hielt ich mich in Delhi auf, wo ich eines Tages einen bedeutenden Astrologen aufsuchte. Dieser erklärte mir zu meiner großen Überraschung, daß ich dem größten aller Gurus, *Sakschat Schiwa*, der Inkarnation aller Macht des Universums, selbst begegnen würde, dessen Mantra *Om namah Schiway* sei.

Durch einen Zufall führte mich ein Bekannter noch am selben Tag zu einem Aschram, wo man mir anhand eines tantrischen Diagramms eine Exposition über die göttliche Macht Schiwas gab.

Mein Aufenthalt in Delhi näherte sich seinem Ende. Am Morgen des sechsten Januar 1975 wollte ich noch den Hanuman Tempel besuchen und anschließend zu meiner Herberge am Dschamuna Fluß zurückkehren. Zu meinem Erstaunen war ich aber auf eine Straße westwärts von ihr geraten und näherte mich langsam dem Kudsia Ghat Nummer sechs, wo man ein *yagya* abhielt, von dem man mir am Vorabend erzählte hatte.

Als ich näher kam, hörte ich den Gesang des Mantras *Om namah*

Schiway herübertönen. Sogleich fielen mir die Worte des Astrologen wieder ein, und ich empfand diese Situation wie eine Fügung des Allmächtigen.

Als ich das Gelände betrat, sah ich, wie Babadschi langsam durch die dort versammelte Menschenmenge schritt und auf mich zukam. Als ich ihn sich mir nähern sah, dachte ich bei mir, daß er ein göttliches Wesen (*deva*) sein muß, und so brachte ich ihm die einem Heiligen gebührende Ehrenbezeigung entgegen.

Ich erwähnte dann kurz einige persönliche Schwierigkeiten, worauf er einige Wege nannte, diese zu beseitigen, er sagte auch, daß sie bald vorüber sein würden. Als ich ihn dann bat, mir seinen Namen zu sagen, antwortete er ›Vischwanatha‹ (Herr des Universums). Diese Antwort beschäftigte mich einige Stunden lang; allmählich aber erkannte ich, daß er *Kaschi Vischwanatha Bhagawan* ist, der Gott Schiwa, dem der Tempel in Benares (dem alten Kaschi) geweiht ist, als dem Zentrum hinduistischen Glaubens.

Nach seinem *darschana* beschloß ich, eine Pilgerfahrt zum Kaschi Tempel zu tun, wo sein Name geschrieben ist und wo seine heilige Statue (*murti*) steht.

Schon bei meiner ersten Begegnung mit Babadschi fühlte ich, wie mein ganzes Wesen sich ihm hingab als der Lichtquelle, die das ganze Universum erleuchtet . . .«

»Obwohl ich mich immer danach gesehnt hatte, einem wirklich großen Heiligen und Meister zu begegnen, dachte ich nie daran, einen solchen zu suchen, denn ich glaubte, daß, wenn der Schüler reif ist, der Meister sich zeigen wird, und dieser könnte möglicherweise sogar ein Mensch von nebenan sein; kein noch so intensives Suchen mit geschlossenen Augen würde etwas fruchten.

Als aber während meiner Indienreise im Juni 1972 ein Bekannter mir in Almora etwas über Babadschi erzählte, spürte ich gleich, daß dies etwas von Bedeutung für mich sei, und ich bat ihn, mir alles über ihn zu erzählen, was er wußte. Er gab mir eine Photographie Babadschis und sagte mir, ich solle *Arati* für sie machen, ehe ich zu Bett ging. Auch fügte er hinzu, daß er mir möglicherweise im Traum erscheinen würde, wie er dies bei vielen seiner Anhänger getan hatte.

Als drei Nächte lang nichts passierte, war ich sicher, daß ich eine zu harte Schale hatte, und gab den Gedanken auf, sein *darschana* zu erhalten, da ich offensichtlich noch nicht genug vorbereitet war. Ich wollte schon abreisen, als mein Bekannter mich bat, noch einen Tag zu bleiben. Am nächsten Morgen traf auch mit der Post eine Nachricht ein, daß Babadschi im Begriff sei, für einige Tage in das Haus eines Schülers in Delhi zu kommen. Ich fühlte mich glücklich und erleichtert über diese Wendung!

Auf dem Weg nach Delhi übernachtete ich einmal in Bhowali, und dort erschien Babadschi mir im Traum. Er trug ein dunkles Gewand, sein Haar glänzte, und es schien, als ob er mir entgegenschwebte. Während er sich mir näherte, empfand ich ein tiefes Gefühl von Frieden, der mich wie eine Woge überflutete; Babadschi berührte mich und war dann verschwunden.

Als ich am nächsten Morgen aufwachte, verspürte ich immer noch den Frieden, den dieses Traumerlebnis ausgelöst hatte. Babadschi war etwas älter gewesen, auch ernster als auf dem lachenden Bild, das ich in Almora von ihm gesehen hatte, auch war er nicht in Weiß gekleidet. Ich machte mir Gedanken darüber, doch als ich ihn dann zum ersten Mal in Delhi sah, glich er genau dem Traumbild, er war ernster und älter und mit einem braunen Gewand bekleidet.

Es fällt mir nicht leicht, das Erlebnis dieser ersten Begegnung in Worte zu fassen, doch war es mir, als ob die Tore meiner Seele auf einmal aufgebrochen waren, und ich konnte und wollte auch nicht die Flut der Tränen zurückhalten, die von einem Gefühl unendlichen Friedens abgelöst wurden. Und dann erfuhr ich, daß sein *darschana* eine Begegnung mit dem göttlichen Licht bedeutete und daß in diesem Licht der Spiegel der Seele geschaut wird. Für diejenigen starken, reinen Seelen, die von einer Begegnung mit ihm berührt sind, gibt es allein den Weg der Hingabe.«

»Eines Tages, noch vor meiner ersten Begegnung mit Babadschi im Mai 1975, unterhielt ich mich mit einer Bekannten, die eine besondere Begabung für Astrologie hat. Ich bat sie, in meinem Horoskop nachzusehen, ob es für meine bevorstehende Reise nach Indien eine günstige Konstellation gäbe, weil ich trotz meiner ernsthaften Bemühungen, in die Gegenwart Gottes zu kommen, noch nicht fühlte, daß er mir diese Sehnsucht erfüllt hatte.

Ich merkte, daß meine Bekannte diese Frage ernsthaft erwog, doch ehe ich von ihr eine Antwort bekam, bedeckte sie plötzlich ihre Augen mit dem Arm, als ob sie von etwas geblendet worden sei, und schrie dann erschreckt auf. Dann, ohne ein weiteres Wort, verließ sie das Zimmer. Ich konnte nur annehmen, daß sie eine Art von Schock erlitten hatte und das Bedürfnis verspürte, sich gleich zurückzuziehen.

Sechs Monate später, kurz vor meiner zweiten Reise zu Babadschi, traf ich meine Bekannte wieder. Dieses Mal bat ich sie herzlich, daß sie mir erzählen möge, was ihr bei unserem letzten Zusammentreffen widerfahren war. Darauf erzählte sie mir folgendes: ›Ich sah, wie sich die Konturen deines Körpers auflösten und ein starkes Licht aus der Gegend deines Herztschakras leuchtete. In diesem Licht sah ich einen alten, ausgemergelten Heiligen, der nur mit einem Lendenschurz und einer Himalayakappe bekleidet war, in Lotusposition sitzen; plötzlich veränderte dieser Heilige sein Aussehen und wurde zu einem schönen Jüngling.‹

Da verstand ich, daß die erste Vision meiner Bekannten Baba Haidakhan in seiner vormaligen Inkarnation war und die zweite Babadschi in seiner gegenwärtigen Verkörperung.«

»Im Januar 1976 hatte ich eines Abends in Haidakhan eine innere Vision von Babadschi von großer Klarheit und Intensität. Diese Vision war mir gekommen aufgrund eines Gebetes, daß Babadschi mir seine Wesenheit offenbaren möge: Zuerst sah ich viele leuchtende konzentrische Kreise aus einem Mittelpunkt hervorstrahlen, wie Wellen, die von einem ins Wasser geworfenen Stein ausgehen. Aus diesem Mittelpunkt tauchte dann das Symbol $\overset{\circ}{3}$ auf, das eine Weile blieb und dann von einer wunderschönen leuchtenden Lotusblüte abgelöst wurde, die langsam ihre vielen goldenen Blütenblätter entfaltete. Aus ihrem Blütenkelch erschien daraufhin der Kopf Babadschis, in reines Licht getaucht, sein Gesicht trug ein strahlendes Lächeln. Von dieser Vision ging ein Licht von solcher Strahlkraft aus, daß ich mich erinnere, wie ich zu mir sagte: ›Er ist die Quelle des Lichts und das Juwel im Lotus (*Om mani padme hum*).‹

Während diese Vision andauerte, hörte ich erst hin und wieder, dann kontinuierlich einen Ton, mit welchem das Mantra *Om namah Schiway* von einem Chor vieler Stimmen gesungen wurde. Außerhalb des Raumes, in dem ich wohnte, steht ein uralter Bodhi Baum (ficus religiosa); zuerst glaubte ich, das Mantra komme aus ihm. ›Der Baum singt, wie schön‹, dachte ich bei mir. Ich überlegte mir auch, welche die Tonhöhe des Gesanges sein könnte, da sie immer konstant blieb, und stellte dann fest, daß sie dieselbe ist, mit der die Brahmanen ihre Mantras während der Feuerrituale rezitieren. Doch schien dieser Ton nicht nur von dem Baum zu kommen, sondern auch aus dem Raum um mich herum, wie auch aus mir selbst.

Dabei erinnerte ich mich an ein ähnliches Erlebnis, das ich

zweieinhalb Monate vorher hatte, als ich mich auf der Terrasse des Hauses von einem von Babadschis Schülern in Ahmedabad (Provinz Gudscharat) hingelegt hatte. Ich war im Halbschlaf und dachte bei mir ›unten wird noch immer *kirtan* gesungen, ich sollte bei ihnen sein.‹ Doch dann fiel mir ein, daß alle Anwesenden sich schon eine ganze Weile zurückgezogen hatten und daß es die ›Sphärenmusik‹ war, die ich hörte.

Beide Male erlebte ich die Wirkung dieses Gesanges als etwas, das mir einen Schwebezustand verlieh, in welchem ich mich zutiefst glücklich und voller Frieden fühlte; es war ein Zustand jenseits allen Verlangens.«

III SADHANA (Übungsweg)

1. Pudscha (rituelle Andacht) und Yagya (Feueropfer)

Die *Schiwa Samhita*[1] spricht von einer seltenen Kategorie der Gläubigen, die »ausgezeichnet unter den Einsichtigen, ganz hingegeben dem Anblick des Verborgenen« leben, welches die »unvergänglichen, allwärts wesenden, an keinen Ort gebundenen Selbste« sind.

Nach der Lehre des *sanatana dharma* gibt es im Kosmos nur einen begrenzten Spielraum für Abweichungen von den im Urbeginn verankerten Gesetzlichkeiten. Wird er übertreten, so stellt sich die Ordnung gewaltsam wieder her; wenn Mahnungen nicht wahrgenommen werden, sind Krankheiten, Tod, ein allgemeines Disequilibrium die Folgeerscheinungen.

Aus dieser Sicht können im Schicksalsbereich des Menschen ihm nur Dinge zustoßen, die er selbst gesät hat, wobei das, was ihm begegnet, in der Außenwelt oder Innenschau jeweils nur Vermittler ist, da man nur das erleben kann, wofür man bereit und reif ist.

Dem Inder ist das Unbewußte mit all seinen Erscheinungen schlicht real: der ganze schillernde Gestaltenschatz der Tiefe ist als Spiegelwelt, als stofflich feiner Schein der groben, greifbaren Sinnenwelt schwerer zu durchschauen und zu überwinden als diese. Ziel jeder Innenschau ist es, die Sphäre der inneren Bilderwelt und ihre Gestalten völlig zu durchdringen. In der Anerkennung eines höchsten Gottes werden die Dämonen oder Götter in ihrer Eigenheit und Absonderung erkannt.

In den Andachtsübungen wendet man sich deshalb an ein göttliches Du, das, erhaben über jede Form und Maske, hinter jedem Namen steht, das immer dieselbe Substanz ist, gleich hinter welcher Verkleidung es sich präsentiert. Welchen der beiden Aspekte, den gnadenreichen oder fürchterlichen, die Gottheit dem Menschen zeigt in seiner täglichen Andacht vor dem Kultbild oder in rein innerer Anschauung, hängt vom Menschen selbst ab.

Es ist die tiefe Weisheit des *sanatana dharma*, alles zu bejahen und nichts zu verneinen; da Gott alles in allem ist, wird das Wunder

der Transsubstantiation als tägliche Realität von dem Gläubigen erlebt.

Die rituelle Andacht (*pudscha*), als integraler Aspekt rituellen Gottesdienstes, gilt immer dem höchsten Wesen (*purnaham*), von dem der Mensch ein Teil ist. Das menschliche Streben nach Vollendung erwächst dem Wunsch, das Ganze widerzuspiegeln, mit ihm eins zu werden. Das dauernde An-den-Gott-Denken läßt dessen Heilsubstanz in den Menschen einfließen. So kann auch – da ja zwischen dem feinstofflich Psychischen und dem Materiellen direkte Übergänge bestehen – der intensive Wunsch, die totale Hinwendung, eine konkrete Wirklichkeit schaffen.

Das höchste Ziel aller Andacht, allen Rituals, ist die Gottesverwirklichung, die Verwandlung des Gläubigen in das Ebenbild des Angebeteten – *schiwoham* (ich bin Schiwa); durch vollständige Sammlung und Hinwendung wird der Geist zum Abbild des Höchsten geformt, mit allen seinen Attributen. Und da das verborgene, geheime Wesen mit dem Gott identisch ist, ist letztlich der Gegenstand der Andacht das eigene Selbst.

Im *Rig Veda* wird der Kosmos geschaut als ein gigantischer stehender Körper, dessen Kopf der Himmel, dessen Nabel die Atmosphäre und dessen Füße die Erde ist.[2] In diesem Zusammenhang hatte einer von Babadschis Schülern in Haidakhan eine Vision, in der er ihm riesengroß erschien und als überall gegenwärtig:

».. . rund um mich herum sah ich nur ihn, wo auch immer ich mich hinwendete, über und unter mir, zu meiner Linken und Rechten sah ich nur ihn. So erlebte ich, daß Babadschi nicht begrenzt ist durch Raum oder Zeit.«

Und ein anderer Adept berichtet:

»Einmal in Haidakhan im Januar 1976 hatte ich ein Erlebnis, wie Babadschis Körper alles durchdringt und nicht durch Zeit und Raum begrenzt ist. Da verstand ich zum ersten Mal, wie er seinen Schülern plötzlich erscheinen und auch bei geschlossenen Türen zu jeder Zeit wieder verschwinden kann. Diese Einsicht wurde mir zuteil, als er mir etwas *prasada* in seiner *kuti* (kleiner Raum) reichte und anschließend nicht an mir vorbeizugehen schien, um das Zimmer zu verlassen, sondern mit einer graziösen tänzerischen Bewegung durch mich hindurchging!

Etwas später hatte ich dann selbst die Erfahrung, wie mein Körper mit dem Raum und den Gegenständen um mich herum zu verschmelzen schien, als ich mich zum Meditieren hinsetzte, wobei mein Rücken die Wand berührte. Da war mir, als ob entweder die Wand sich auflöste, oder mein Körper eins wurde mit ihrer Substanz, die nicht aus begrenzter, schwerer Materie, sondern aus Geist zu bestehen schien. Nach diesem, vielleicht eine halbe Stunde dauernden Erlebnis fühlte ich mich ganz leicht und unkörperlich.«

Zu diesem Geheimnis des Einsseins aller Dinge kommentiert die *Mundaka Upanischad*[3]:

»Wie die strömenden Flüsse zur Ruhe kommen im weiten Meer und hinter sich lassen Name und Gestalt, so geht der Wissende, von Name und Gestalt befreit, ein in den göttlichen Menschen, der jenseits aller Jenseitigkeit ist, das Transzendente transzendierend.«

Alle Dinge, die sich verkörpern, sollen demnach erkannt werden als zufällige Wandlungsformen des einen Prinzips.

Das tantrische Universum wiederum beinhaltet eine Reihe von Analogien, wonach der menschliche Körper eine Entsprechung des Kosmos im Kleinen ist:

»In diesem Leibe [des Menschen] befindet sich der Weltberg Meru (d. h. die Vertikalachse des Rückgrats), umlagert von den sieben Inselkontinenten (den *Tschakras*), befinden sich die Ströme und Meere, Berge und Lande und die göttlichen Schirmherren der Lande, befinden sich die Seher und Heiligen allesamt. Sternbilder und Wandelsterne, heilige Wallfahrtsstätten und Sitze der Götter, samt den Gottheiten dieser Sitze. Es kreisen Mond und Sonne, schöpferische Entfaltung und vernichtendes Einraffen bewirkend; Raum, Luft und Feuer, Wasser und Erde befinden sich hier. Alle werdend-vergänglichen Wesen, die es in allen drei Welten (*buh* – Erde, *buwah* – atmosphärisches Zwischenreich, *swaha* – Himmel) gibt, sind auch im Leibe; rings den Meru umgebend, bewegen sie sich nach ihrem Gebaren.«[4]

Der die Innenschau Übende erfährt demnach seinen Körper mit allen Organen, Adern und Stofflichkeiten als kosmisches Abbild. Dadurch, daß er sich mit dem Kosmos identifiziert – repräsentiert durch eine Gotteserscheinung in verdichteter Form als *murti* –, erlebt er die Schaffung und Auflösung des Universums in sich selbst als periodisch wiederkehrenden Vorgang.

Das Absorbiertsein in sich selbst wird symbolisch in Zusammenhang gebracht mit einer Rückkehr in den Schoß der Allmutter: die äußere Schöpfung kann nur dadurch aufgelöst werden, daß der den Weg Gehende sich der mystischen Introspektion hingibt, was gleichzeitig einer geistigen Neugeburt entspricht.

In liebender, täglicher Verehrung als totale Partizipation soll alles Ungelebte an Wünschen auf die Gottheit gestrahlt werden, die gegenwärtig ist durch Bild, Statue, *yantra* (kosmisches Diagramm), ein gewähltes Kultsymbol, wie der *lingam*, oder auch als lebende Inkarnation. Alles Verlangen, das sich in keiner äußeren Wirklichkeit erschöpfen kann und dadurch Gefahr läuft, den Adepten zu verfinstern, indem es zurückgedrängt wird, wird vom veräußerten Gottesbild, als konkretisierte, verdichtete Allgegenwart Gottes in der Welt, aufgesogen: das geistige Bild der Gottheit wird im eigenen Inneren betrachtet, wonach die geistige Energie (*tedschas*) des feinstofflichen Inbildes auf das äußere, grobstoffliche übertragen wird.

Am Ende der Andacht geschieht dann die Zurücknahme oder ›Entlassung‹ der heiligen Gegenwart, wonach das Bild oder die Statue bei manchen Ritualen nicht länger der Sitz (*pitha*) der Gottheit ist und weggeworfen wird.

Weil der Mensch das Mysterium individuellen Daseins in der Welt niemals allein und nur aus sich selbst durchleuchten kann, da das Bewußtsein sich nur an einem Vis-à-vis entzünden und schärfen kann, wird ein überpersönliches Du angesprochen. Erlösung wird nicht in der Freiheit des Persönlichen gesucht, sondern da, wo das eigene Ich aufhört.

Die *Bhagavad Gita* lehrt, daß *bhakti* (die liebende Hingabe an das Göttliche) als wirksamste Art der Gottesbegegnung zu betrachten ist:

> »Wer sich ganz dem Göttlichen ergeben hat, handelt nicht selbst, und daher weder in guter noch böser Absicht. Übe dich deshalb in dieser Ergebung.«[5]

Dieser Weg der Hingabe steht jedem Menschen offen, doch wird eine Offenbarung nur demjenigen zuteil, der unbeirrt und ganz ohne Vorbehalte sich dem Göttlichen überantwortet, der wie Odysseus zwischen den Felsen der Gegensätze spontan im Licht des Augenblicks hindurchschnellt. Nach dieser Lehre hört man erst dann auf, karmische Samen zu säen, wenn man beginnt, ohne Hinblick auf persönlichen Erfolg zu handeln.

Das völlige Ausgerichtetsein (*ekagrata*) auf die göttliche Wesenheit, gleich in welcher Verkleidung sie auftritt, führt zum Offenbarungserlebnis:

»Ich hatte Babadschis *darschana* erstmals während einer großen Zusammenkunft seiner Anhänger im Mai 1976 in Haidakhan.

Es war gegen neun Uhr abends. Babadschi saß auf seinem erhöhten Sitz, während religiöse Lieder gesungen wurden. Ich war ganz auf ihn konzentriert, als ich plötzlich ein Licht auf seiner Stirn bemerkte, das wie ein Blitz aufleuchtete und wieder verschwand; ich war atemlos vor Erstaunen und konnte meine Augen nicht von ihm abwenden.

Nach einiger Zeit schien das Licht ruhig, und aus ihm trat ein blau-leuchtender Stern, der rote und bläuliche Strahlen aussandte. Ich war so überwältigt von dem, was ich sah, daß ich mich erst wieder nach etwa einer dreiviertel Stunde bewegen konnte, als die Vision vorüber war und Babadschi sich von seinem Sitz erhoben hatte.«

»Vor elf Jahren[6] während der *Navratras*[7] las ich die *Durga Sapt Schati*[8]... Ich hatte ein Licht angezündet und etwas Weihrauch, und das Bild der Gottesmutter vor mir, als ich plötzlich eine Vision der Gottesmutter hatte . . .

Viele Jahre später, im Februar 1977, besuchte Babadschi Delhi, wo er im Hause eines Schülers ein *yagya* zelebrierte. Ich war während der Feierlichkeiten zugegen und saß etwas erhöht, wodurch ich das Geschehen gut überblicken konnte.

Während ich Babadschi ganz konzentriert beobachtete, verwandelte er sich plötzlich vor meinen Augen in Jagadamba Ma (Mutter des Universums), die an seiner Stelle die Opfergaben ins Feuer gab. Sie trug einen weiß-schimmernden Sari mit rotem, glitzernden Saum und war mit Perlen und Diamanten geschmückt – das Bild, das sie bot, war identisch mit der Vision vor elf Jahren! Damals war ich anschließend in vielen Galerien und Läden gewesen, um ein Bild der Göttin zu finden, das dem meiner Vision entsprach, aber vergebens.

Die Vision blieb mir etwa eine halbe Stunde lang. Als dann die Zeremonie durch den *puran ahuti* (Vollendung des Opfers) beendet wurde, wozu Babadschi aufstand, sah ich ihn wieder in der mir vertrauten Gestalt.«

Nach der Wissenschaft des *Tantra* (philosophische Richtung des Hinduismus) gilt Feuer als tätiges Licht, das im Bereich des Grobstofflichen Umwandlungsprozesse bewirkt. Wo das Licht von oben her tätig wird, entflammt es von unten her das Feuer (Aufsteigen der *Kundalini*kraft). Die dadurch bewirkte Durchflutung des Körpers mit der freigesetzten göttlichen Substanz empfindet das Gemüt und der Geist als überwältigendes Erlebnis:

»Einmal, es war in Vapi (Provinz Gudscharat) im März 1976, fühlte ich, wie meine ganze Aufmerksamkeit während des abendlichen *Aratis* auf Babadschi gerichtet war. Er saß in Lotusposition, seine Hände lagen auf den Knien, den Kopf hielt er leicht nach vorne geneigt.

Die Atmosphäre schien unbeweglich, die Zeit stillzustehen, der Raum in tiefes Schweigen eingebettet und das Licht über den Köpfen der Menge war von kristalliner Klarheit. Alles ringsum war in einen hell-leuchtenden Glanz eingetaucht, in dem Babadschi wie eine fast durchsichtige Lichtgestalt wirkte, ›er ist der Prinz des Lichts‹, dachte ich bei mir.

Die meisten Menschen waren schon nach vorne gegangen, um ihm ihren *pranam* entgegenzubringen. Als ich mich seinem Sitz näherte, sah ich ihn leicht lächeln, dann hörte ich, wie er mit einer mir ungewohnten Baßstimme meinen Namen nannte. Dabei hatte er seine Lippen nicht bewegt – ich hatte seine Stimme in mir selbst vernommen!

Innerlich bewegt durch dieses Erlebnis, ging ich auf meinen Platz zurück und richtete meine Aufmerksamkeit wieder ganz intensiv auf seine Gestalt.

Plötzlich sah ich, wie sein Gesicht sich veränderte: es sah aus, als ob es verschiedene Masken trüge, von denen eine die andere ablöste und in die nächste überging. Ich erkannte all die Gesichter, die sich mir zeigten, wie aus ferner Vergangenheit, die sich jedoch ganz unmittelbar präsentierte.

Während so die Bilder vor meinen Augen wechselten, verspürte ich plötzlich einen Ruck am unteren Ende meiner Wirbelsäule, gleich einem unterirdischen Erdbeben, der eine die Wirbelsäule aufsteigende Hitzewelle auslöste. Gleichzeitig veränderte ich meine Sitzhaltung, indem ich die Beine unter mir faltete und die Hände auf die Knie legte. Für gewöhnlich ist mir diese Haltung nicht lange bequem, doch empfand ich, daß ich so zum Meditieren sitzen sollte.

Ich schloß die Augen halb und konzentrierte mich nun auf die Vorgänge im Inneren. Die Wärme, die ich plötzlich verspürt hatte, hielt an und löste ein Gefühl tiefer Freude und Stille aus . . .«

Der Gottesdienst des *sanatana dharma* beinhaltet in der Hauptsache das meditative Rezitieren von Gebetsformeln (*mantras*), auch mit Hilfe eines Rosenkranzes (*dschapa-mala*). Die oft nur einsilbigen Wortklänge enthalten in sich das Wesen der Gottheit, wobei nach den *Tantras* Silben und Buchstaben Korrespondenzen mit den Mächten des Kosmos und mit Organen des Körpers aufweisen. Das Universum wird als tönend begriffen, wie es auch Substanz und Form aufweist – *Mantras* sind, was sie symbolisieren.

Enthält ein *Mantra* den Namen des Gottes, wie in *Om Namah Schiway*, so verkörpert es die Kraft dieses Gottes, die durch das Rezitieren aktiviert wird. In der *Kailascha Samhita* sagt Schiwa von sich:

> »Ich bin der Herr jenseits aller Attribute . . . Ich bin Schiwa, der alles durchdringt, doch bin ich in der einen Silbe, dem Mantra OM, als Urton der Schöpfung enthalten.«[9]

Da der Geist erst durch Übung zur Stille kommt, wird anfänglich eine Form (*murti*) der gewählten Gottheit bei der Andacht für nötig gehalten, auf die sich der Gläubige in seiner Meditation (*dhyana*) konzentriert, als das Selbst, über das man sich beugt, um sich zu finden. Und wie ein doppeldeutiges Bild, bei dem nach längerem Betrachten Figur und Hintergrund auswechselbar sind, sieht man zwar immer das gleiche Bild, doch stellt es mitunter auf einmal etwas anderes dar.

Während der rituellen Andacht wird die Zeit suspendiert als ein Vorgeschmack der Unsterblichkeit. Durch jahrtausendelanges immerwährendes Wiederholen derselben rituellen Formen entsteht eine Kontinuität zyklischer Wiederkehr des Urerlebnisses der Gottesbegegnung.

Während dieser Andacht wird die Gottheit bzw. seine Form als ein ehrwürdiger Gast, der das Haus besucht, behandelt; manchmal wird auch ein Bild aus Ton geformt und mit Farbpulvern bemalt. Mit einem vielseitigen Ritual wird die Gottheit willkommen geheißen, sie wird zum Sitzen eingeladen, ihre Füße werden gewaschen.

Die Verehrungszeremonie beginnt, nachdem der Gläubige sich rituell gereinigt hat, mit Verbeugung, dem Offerieren von Blumen, Badewasser, Wohlgerüchen, Speisen, Kleidern, Kostbarkeiten, mit der Darbringung von Lobreden und Gesängen. Den Höhepunkt bildet die *Arati*, die Verehrung der Gottheit mit Feuer und Wasser.

Nach den *Schastras*, den hinduistischen Lehrbüchern, hat die Sonne, als Quelle aller Energie, die Kraft zu reinigen; sie wird auch als eigenständige Gottheit verehrt, weshalb das Licht als ihr Symbol geopfert wird. Das in einem Gefäß dargebotene Wasser gilt als Manifestation des Göttlichen und als eine seiner Ursubstanzen; dabei bezieht man sich auf den *Rig Veda*, wo es heißt:

»Am Anfang war alles wie Meer ohne Licht.«[10]

Nach der Andacht werden die dargebotenen Früchte, Gerichte und Blumen an die versammelte Glaubensgemeinde als *prasada* aufgeteilt, wodurch sich die Gnadenwirkung der gesegneten Opfergaben in ihrer Verwandlungspotenz auf die Gläubigen überträgt. Als Segenszeichen wird die Stirn mit einem religiösen Symbol (*tilaka*) aus Sandelholzpaste gezeichnet, dem Gläubigen mag auch ein neuer Name gegeben, oder ein Mantra erteilt werden. Dem zuverlässigen, im Glauben geprüften Schüler kann auch die Macht gegeben werden, von der Kraft Gottes zu zeugen.

Diese Andacht kann überall stattfinden, vor dem Hausaltar, an einer heiligen Stelle im Freien oder im Tempel, dem Wohnsitz der Gottheit. Der Gläubige kommt zum Tempel nicht als Zuschauer, sondern als Seher, um das formgewordene Gottesbild (*murti*) in sich zu realisieren.

Der Tempel (*mandir*) selbst ist als *vastupuruschamandala* (*vastu* – Ort, *puruscha* – universales Selbst, *mandala* – Plan) gestaltet, das heißt es ist ein Ort, wo in dreidimensionaler diagrammatischer Form die universale Wesenheit verkörpert ist, wo sich Himmel und Erde vereinen, um das höchste geistige Prinzip zu ›binden‹ im Grundplan, einem *yantra* (*yantr* – binden), das meistens ein Quadrat ist. Vorbilder für den Tempelbau sind die heiligen Bäume, zugrunde liegt auch die Symbolik des Weltenbaumes als *axis mundi*, weswegen der Stein sowohl vegetative als auch kosmologische Vorstellungen auszudrücken hat.

Der höchste Punkt (*bindu*) der Kuppelspitze, der Berührungspunkt mit dem Unendlichen, stellt den Übergang dar zwischen Manifestiertem und Unmanifestiertem. Der Dom selbst ist Symbol des Weltberges wie auch des Himmelsgewölbes. Seine unsichtbare Zentralachse führt durch alle Seinsebenen hindurch bis hinein in die Erde, wo der *lingam*, als Hauptobjekt der Verehrung, Symbol der schöpferischen Macht Schiwas, vereint ist mit der *yoni*, dem gebärenden Höhlenleib der Schakti. Die den *lingam* umwindende Schlange ist die *Mahakundalini*, die sich manifestierende Schöpferkraft Gottes.

Das Tempelinnere gleicht einer Höhle, während das Äußere das

Samenkorn offenbart, das im Inneren Wurzeln geschlagen hat, aufgegangen und zum Gewächs geworden ist. Aber auch Bäume wie Berge werden als Sitz der Gottheiten und Erleuchteten als heilig verehrt, und das Wasser, das von letzteren strömt, ist Elixier des Lebens; als solches sind alle Quellen und Flüsse heilig.

Eine wichtige Rolle bei der Wiederaufrichtung des *sanatana dharma* durch Babadschi spielt auch das vedische Feuerritual des *Yagya* (*yag* – anbeten). In allen vorchristlichen Kulturen, bei den Inkas, in Polynesien, Japan, in Sumerien, Babylon, bei den Minoern und Israeliten war das Feueropfer ein integraler Bestandteil ritueller Gottesverehrung:

> »Und David baute dem Herrn . . . einen Altar und opferte Brandopfer und Dankopfer. Und als er den Herrn anrief, erhörte dieser ihn durch das Feuer, das vom Himmel fiel auf den Altar mit dem Opfer.«[11]

Das Feuer, als heiligste geoffenbarte göttliche Substanz, ist Bindeglied zwischen Erde und Wasser, Luft und Äther, indem es die beiden ersteren Elemente in die beiden letzteren umwandelt.

Als Medium der Transformation der Elemente ist Feuer auch der Mund der Gottheit, in den die Spenden gegeben werden. Die Opfergaben steigen als Rauch zum Himmel, um die göttlichen Wesenheiten zu speisen. Das Feuer, als die Schakti des Gottes Schiwa, wird meist mit Sonnenauf- und -untergang angezündet und oft Jahre hindurch brennend erhalten. Die Feuergrube (*yagyaschala*) ist in drei Lagen stufenförmig gegraben, die Maße dafür werden vom Körper der inkarnierten Gottheit abgenommen. Das Datum der Zeremonie wird auf einen astrologisch günstigen Zeitpunkt gelegt; häufig findet sie statt zu Voll- oder Neumond und zu Beginn der Jahreszeiten.

Die Opfergaben, Reis, *ghi* (ausgelassene Butter), Früchte, Blumen, Süßigkeiten, Weihrauch, werden am Feuer mit dem Rezitieren von Mantras im Beisein der Priester, Spender und der Gläubigen übergeben. Dabei ist von den *Veden* die Ausführung des Zeremoniells in allen Einzelheiten festgelegt.

Yagyas, als die wirksamste Art, den Göttern zu begegnen, gibt es deshalb für alle nur erdenklichen Anlässe – um Unheil zu verhindern, um den Energiezyklus auf der Erde in Harmonie zu halten, für die Erfüllung persönlicher Wünsche. Seine besondere Funktion ist jedoch die Reinigung der Atmosphäre, aller feinstofflichen Bereiche wie auch des Gemüts; als Glücks- und Friedensbringer hat es besondere Bedeutung.

Auf eine Gebetsformel übertragen, wird die psychologisch-geistige Funktion des *yagya* so formuliert:

> »Om. In das Feuer, das Geist ist, welches durch das Hineingießen der Spende aus Verdienst und Verschulden hell aufflammt – in dieses Feuer opfre ich, den Pfad des Yoga wandelnd, meine Sinnesfunktionen und verwende als Schöpflöffel für das Opfer mein Gemüt.«[12]

In den Einsiedeleien der vedischen Rischis, als ›Erzeugerstationen‹ göttlicher Macht, wurde ohne Unterlaß die Verehrung des Feuers durchgeführt; die dabei rezitierten Mantras sind besonders wirkungsvolle Lautverbindungen, welche die notwendigen harmonischen Schwingungen erzeugen, alle Schichten zwischen Erde und Himmel positiv aufzuladen; jede so in der Atmosphäre hervorgerufene Veränderung hat einen tiefen Einfluß auf das Gemüt des Menschen, auf das Wachstum der Pflanzen und das allgemeine Gedeihen.

2. Meister und Schüler. Sadhana

Das Thema der Einheit des universalen Selbst, personifiziert als Sadaschiwa, mit dem inneren Selbst des Menschen wird in der *Tschandogya Upanischad* angesprochen:

> »Der Geist, der alles Leben, Licht, Wahrheit und unendlicher Raum ist, schließt alles Geschaffene, alles Verlangen, alle Wohlgerüche und Empfindungen ein. Er umfaßt das ganze Universum und im Schweigen liebt er alle Kreatur.
>
> Der Geist, der im Herzen wohnt, ist kleiner als ein . . . Senfkorn, [aber auch] größer als die Erde, das Firmament, der Himmel und alle Welten insgesamt.«[13]

Diese als ein kosmisches Gesetz verstandene philosophische Anschauung des Daseins beinhaltet Anfang und Vollendung des Lebens und zugleich den Weg menschlicher Entwicklung.

Für den Weg der Vollendung ist, nach der Lehre des *sanatana dharma*, ein Guru als Vorbild und Führer unerläßlich. In einer polaren Welt ist er der Vordergrund, der den Hintergrund impliziert; wörtlich bedeutet *Guru* ›Licht‹[14] in der Finsternis. Aus makrokosmischer Sicht brütet der lebendige Geist über dem Chaos des Dunkels, und das bebrütete Chaos entläßt aus sich heraus das Gestaltete, den Kosmos. Entsprechend dieser universalen Schöpfung ist es der Jünger, der, durch die Gnade des Meisters berufen und erst noch ungeformt, durch ihn wahrhaft zum Menschen wird, zum Erleuchteten. Von dieser Neugeburt heißt es im Neuen Testament, als notwendige Voraussetzung der göttlichen Schau:

> »Es sei denn, daß jemand von Neuem geboren werde, so [wie er ist] kann er das Reich Gottes nicht sehen.«[15]

Das Reich Gottes, realisiert als inwendige Neugeburt in dieser Welt, ist das Anliegen jedes Meisters an seinen Schüler. Und das Gebet der Jünger aller Zeiten ist das der vedischen Rischis:

> »Herr, führe mich aus dem Dunkel der Unwissenheit zum Licht.«

Zur Verwirklichung dieses Gebetes empfiehlt die *Guru Gita*[16] die Meditation über den Guru nach folgenden Gesichtspunkten:

> »Wahre Meditation (*dhyana*) richtet sich auf die Gestalt des Guru,
> Wahre Andacht (*pudscha*) auf die Füße des Guru,
> Das wahre Gebet (*mantra*) ist des Gurus Wort,
> Wahre Erlösung (*mukti*) schenkt allein des Gurus Gnade.«

Das *sanatana dharma* kennt zwischen Gott und dem Guru keinen Unterschied, denn dieser vermittelt die befähigende Gnade, die durch seinen persönlichen Kontakt übertragen wird, ohne welche die Arbeit an sich selbst nicht möglich ist.

Schiwa, als der höchste aller Lehrmeister und größte Yogi, schaut in zeitloser vollkommener Meditation die Fülle des Absoluten in Ewigkeit. So symbolisiert er auch die endgültige Auflösung des persönlichen Ich, was das grundlegende Anliegen des Meisters an den Schüler ist. Auf dem Weg zu Schiwa heißt es Schritt für Schritt eine Wirklichkeit zu akzeptieren, die der Interpretation des eigenen begrenzten Bewußtseins widerspricht: das göttliche Gesetz – aufgefächert in den Erscheinungsformen Schiwas und symbolisiert in seinen eintausendundacht heiligen Namen[17], zusammengefaßt in der alles einbeschließenden meditativen Pose – ist in jedem Falle jenseits der Vernunft.

Auf dem Weg der Nachfolge des Meisters, die einem *imitatio dei* gleichkommt, wird der äußere Meister verstanden als ein Medium, um den inneren Meister wahrzunehmen und wirken zu lassen. Der Meister hält nicht, die er führt, er beruft und entläßt; doch ist die Verbindung einmal aufgenommen, so bleibt sie durch alle Zeiten hindurch bestehen.

Die Meisterschaft des Schülers wird jeweils durch eine Lehrzeit bei einem befugten Lehrer erworben. Dabei, so heißt es, ist es der Meister, der den Schüler anzieht, und nicht umgekehrt, daß der Schüler sich seinen Meister wählt. Dies ist, nach dem Glauben der Inder, ein Ausdruck der Barmherzigkeit Gottes, die stärker ist als das Gesetz des Karmas, da es ja darum geht, über dieses Gesetz hinauszuwachsen.

Ein Weiser und Heiliger wird wegen seiner übernatürlichen Seelenkraft und den Fähigkeiten, die er besitzt, verehrt, aber auch gefürchtet, denn er hat Macht über alle Kräfte der Natur, was bedeutet, daß die Gottheiten als Regenten über die verschiedenen Seinsbereiche ihm zu Diensten stehen. Ein künftiger Schüler aber muß erst sorgfältig geprüft werden, denn das Wissen um das Göttliche wird sorgsam gehütet, da es Macht verleiht, ›Wunder‹ zu vollbringen. Geistiges Wissen wird deshalb nur an den weitergegeben, der verspricht, ein vollkommenes Gefäß zu werden. Auch muß er gut vorbereitet werden, um die geoffenbarte Wahrheit zu ertragen.

Jeder empfängt entsprechend seiner Kraft und Vorbereitung, und durch die Übertragung der geistigen Kraft (*schakti*) vom Meister auf den Schüler wird dieser befähigt, das zu tun, was normalerweise über seine Kräfte ginge; dazu ist der persönliche Kontakt für eine bestimmte Zeit besonders wichtig. Wenn dann der Schüler allmählich besser begreift, um was es geht, stellt sich das anfänglich unmöglich scheinende Verständnis von selbst ein, wie auch die innere Sicherheit und Gewißheit, die alles Fragen und Zögern überflüssig macht. Das Kriterium des Erfolges bei der Schülerschaft ist der Grad der Klarheit, mit welcher der Schüler das an ihn Weitergegebene aufzunehmen fähig ist, mit einem Mindestmaß an Verzerrungen. Ist dann die ›Welt‹ nach innen hineingenommen und spricht die Stimme des Meisters als göttliches Gewissen im Herzen des Schülers, wird der persönliche Kontakt mit dem Guru überflüssig.

Der Meister, als die Verkörperung des Gesetzes (*dharma*), ist völlig unparteiisch und unerbittlich in der Ausführung seiner Aufgabe, den Zögling dahin zu nötigen, wohin er gehen muß; wonach er sich selbst ganz zurücknimmt. Er kann dem Schüler nichts abnehmen und dessen Weg nicht für ihn gehen; er selbst ist der Weg und weiß deshalb, wann, wie, was erforderlich ist.

Entscheidend in der Wechselbeziehung von Meister und Schüler sind das Beispiel und der Charakter des Guru. Seine Lehre und Lebensweise müssen sich decken bis in alle Einzelheiten. Ein echter Meister steht jenseits aller Vorspiegelungen des Wunschdenkens und aller sonstigen Formen mentaler Funktion, er ist ein Meister über seinen Körper, seine Leidenschaften, seine seelischen Reaktionen, über alle Stadien der Meditation, er steht über dem Gesetz des Karmas.

Der Avatar weiß darüber hinaus um Ursachen und Wirkung, die weit über dem menschlichen Blickfeld liegen, und urteilt entsprechend. Deshalb sind seine Worte und sein Handeln oft schwer zu verstehen, sie scheinen verwirrend, zweideutig, sogar ungerecht. Doch ist nichts, was er tut oder sagt, ohne Bedeutung. Die Lehrmethode, derer er sich bedient – vom Arrangieren improvisierter Situationen, vom Schauspielern und der *lila*-Gestaltung bis zum wortlosen, schweigenden Einfluß, einem Blick –, dient ausschließlich dazu, den äußeren Meister im Schüler als innere Stimme erleben zu lassen.

Mit meist verschlüsselten Bemerkungen innerhalb einer Gruppe gibt er präzise Anweisungen für einen bestimmten Schüler, so daß nur er und kein anderer versteht; wenn er überhaupt spricht, dann größtenteils in Rätseln, und er überläßt es dem Schüler, sich den ›Sinn‹ zu erarbeiten, die Führung geschieht dabei auf rein geistiger Ebene.

Neben *bhakti*, der liebenden, gläubigen Hingabe, ist die Grundforderung unbedingter Gehorsam,[18] vollkommenes Aufgeben des selbständigen Denkens und der kritischen Einstellung seitens des Schülers – für einen in der Eigenständigkeit der Persönlichkeit erzogenen Abendländer ein schier unüberwindliches Hindernis – sowie Diensteifer, Verläßlichkeit, Gelassenheit des Gemüts in allen möglichen und unmöglichen Situationen und Ehrfurcht allem Leben gegenüber.

Die Hingabe an das Göttliche, als die alchimistische Formel, wodurch die niederen Elemente in geistiges Gold umgewandelt werden, ist das wichtigste und zugleich schwerste Mittel, die göttliche Gnade durch den Meister zu erlangen. Auf dem schwierigen Weg zur Meisterschaft muß der Schüler getragen sein von tiefer Sehnsucht nach Vereinigung mit dem Göttlichen, wodurch allmählich die Spuren des persönlichen Ich aufgesogen werden und das Hineinwachsen in die geforderte Disziplin möglich wird.

Die wichtigsten Lehren werden dem Schüler ganz individuell erteilt, durch Andeutungen, durch fast unmerkliche Gesten, die zur inneren Erkenntnis führen oder zu einer gewissen Handlung auffordern. Die Art der Führung, die bei jedem Schüler verschieden ist, bleibt auch letztlich Geheimnis zwischen Lehrer und Schüler. Wichtig ist in jedem Fall, daß sich der Schüler von jeder Abhängigkeit dem Lehrer gegenüber emanzipiert, was möglich wird dadurch, daß ihm eine neue geistige Dimension erschlossen wird. In dem Maße, in dem in ihm das Licht wächst, entwickelt er sich selbst zur Meisterschaft.

Ziel allen Trainings ist die mündige Person, die aus sich selbst, aus dem eigenen Inneren, deutlich erfährt, was für das Ganze zu leisten ist, denn der Dienst an der Schöpfung gilt als die erste und vornehmste Pflicht des souveränen Menschen. Dem wahren Verankertsein im eigenen Selbst geht eine Zeit der Passivität der Wahrheit gegenüber voraus, verkörpert durch den Meister. Dadurch erst wächst die Integrität des Charakters, wobei das kleine Ego um des Selbstes willen geopfert werden muß, weil der Fürwitz des Eigenen jeder Selbstverwirklichung im Wege steht:

>>Deshalb verkünde nicht, ehe du nicht sicher bist; sei schweigsam, während du noch nicht entschieden hast. Wenn der Glaube in dir erwacht ist, zäume ihn ein mit Disziplin und Selbstkontrolle, daß seine zarten Sprößlinge gegen Ziegen und Kühe geschützt sind. Ist der Glaube in dir zum mächtigen Baum gewachsen, werden dieselben Ziegen und Kühe kommen, um in seinem Schatten zu ruhen.<< (östliche Weisheit)

So gesehen, kann der Sieg einer ganz über sich selbst befehlenden Persönlichkeit, eines in der totalen Hinwendung an das Göttliche, in *sumirana*, der Erinnerung des Göttlichen, geübten Menschen stärker überzeugen als irgendein ideologisch konzipiertes und organisiertes Sozialsystem.

Dieses ganz Einssein mit Gott hat Babadschi einmal mit dem Beispiel des in der hinduistischen Mythologie bekannten Yogi Schukadeva kommentiert:

Schukadeva, Sohn des Vyasa, Autors des *Mahabharata* und aller *Puranas*, hatte schon vor seinem neunten Lebensjahr alle heiligen Schriften gemeistert und war berühmt für seine yogischen Fähigkeiten.

Einmal, als er Gelegenheit hatte, sich sehr stolz auf seine Leistungen zu fühlen, erzählte ihm sein Vater, daß der noch größere Yogi König Dschanaka[19] sei.

Um sich selbst von der Wahrheit dieser Behauptung zu überzeugen, reiste Schukadeva in das Reich König Dschanakas und beobachtete für einige Zeit dessen Lebensweise. Es war ihm aber nicht möglich, einen Unterschied zwischen sich selbst und dem König angesichts dessen Handlungsweisen festzustellen, und so entschloß er sich, Dschanaka selbst nach den Ursachen seiner Größe zu befragen.

Statt einer Antwort befahl ihm der König, ein Gefäß, bis an den Rand mit Wasser gefüllt, auf dem Kopf zu tragen und damit einmal die Hauptstadt zu umschreiten. Die einzige Bedingung war, daß er nicht einen einzigen Tropfen verschütten durfte, sonst würde er seinen Kopf verlieren.

Schukadeva führte die Anweisungen des Königs peinlichst genau aus und kehrte dann zu ihm zurück. Höflich fragte ihn König Dschanaka, wo denn sein Geist während seines Umganges gewesen sei. Worauf Schukadeva antwortete, daß er aus Angst, auch nur einen Tropfen zu verlieren, sich die ganze Zeit auf das Wassergefäß konzentriert habe.

Da erklärte König Dschanaka dem Yogi, daß ebenso wie er seine ganze Aufmerksamkeit auf das Gefäß gerichtet hatte, während er durch die Straßen der Hauptstadt gegangen war, er, Dschanaka, sein ganzes Sein zu Gott hinwende, während er seinen täglichen Amtspflichten Folge leistete. Dieses Üben von *sumirana*, der ständigen Vergegenwärtigung Gottes, habe ihn groß gemacht.

In diesem Sinn ist die Erziehung des Schülers ein Mitwirken an der Versöhnung von Himmel und Erde durch die Geburt eines neuen ›Ich bin‹-Bewußtseins in ihm. Erst durch den absoluten Gehorsam dem Wahren, Göttlichen gegenüber können Quellen aus eigener Tiefe fließen, aus einem Bereich des Seins, das mit dem Göttlichen identisch ist.

Durch die Schülerschaft ist somit die Möglichkeit einer umformenden Erfahrung gegeben, da jeder schon in sich die Gestalt trägt, die er als sein wahres Selbst zu pflegen hat. Dabei vermag der

Schüler nur soviel, als sein Glaube ist; was aber letztlich erlöst, ist die Heilsubstanz des Guru.

Schließlich gilt es auch, seitens des Schülers, die geschichtliche Gestalt des Meisters zu überwinden, damit der ›Heilige Geist‹ kommen kann, der der Größere ist. So ist auch Babadschis Gestaltwandel durch die Zeiten hindurch zu verstehen, wie das Verschwinden jeden großen Meisters nach vollendeter irdischer Mission.

Die *Tantras* lassen Schiwa sprechen: »Ich verberge zwei meiner Arme[20] und das dritte Auge auf meiner Stirn und wandle in Gestalt des Guru durch die Welt«, was besagen will, daß jeder erleuchtete Meister mit Schiwa als Lehrmeister und Yogi identisch ist. Babadschi sagt von sich, daß er »überall« sei, also gleichzeitig in allen Welten und Bewußtseinssphären auf den Menschen in unsichtbarer Weise wirkt; auch mag er einem Schüler anderenorts erscheinen, ohne seine gewöhnlichen Aktivitäten zu unterbrechen.

Viele seiner Schüler bestätigen, daß er bis in alle Einzelheiten reichendes Wissen über Vergangenheit und Zukunft besitzt, wie auch über Ereignisse, die sich an einem entfernten Ort zutragen. Jeden, der vor ihn tritt, kennt er mit all seinen Anlagen, Problemen, Möglichkeiten und *sanskaras,* den in der Seele durch viele Inkarnationen hindurch eingeprägten Eindrücken.

Die eigenen Lebensumstände lassen nach und nach den Sinn dieser entscheidenden und einmaligen Begegnung deutlich werden. In vorangegangenen Kapiteln wurden Beispiele des Einflusses Babadschis in allen Bewußtseinszuständen erwähnt, im Wachen, Traum, Schlaf und durch Visionen, wodurch Umwandlungen auf psychisch-geistiger Ebene wie auch in den Bedingungen des täglichen Lebens verspürt werden. Der reife Schüler, der vom Wechselspiel des Schicksals nicht mehr getroffen werden kann, sieht in allen Erscheinungsformen des inneren und äußeren Lebens die Gegenwart des Göttlichen durch die Führung des Meisters.

Es ist das Bildhafte einer Situation, das den Schüler instruiert, nicht der verbale Dialog, denn das Wissen um das Göttliche muß erfahren werden. Deshalb lehrt Babadschi, den letztlich kein System erfaßt, indem er alle Seinsebenen seiner Schüler aktiviert. Von seinem Weg sagt er:

»Er ist sehr schwer; als ob man durch ein Dornengestrüpp geht, als ob man auf Messers Schneide balanciert, als ob man auf eine geladene Pistole zugeht; viele Heilige sind auf diesem Weg gescheitert.«

Von seiner Lehre sagt er, daß sie sich sehr einfach formulieren lasse, es sei die Wiederaufrichtung des *sanatana dharmas*, des einen, universalen Gesetzes, das über allen formulierten Glaubensbekenntnissen und Doktrinen steht, wie dies auch Christus von sich gesagt hat:

>»Ich bin gekommen, das Gesetz zu erfüllen.«
Und seine Anweisung für seine Jünger ist:

>»Trachtet am ersten nach dem Reich Gottes und nach seiner Gerechtigkeit, so wird euch alles andere zufallen.«[21]

Dieses Gesetz des Geistes muß als lebendige Wahrheit im täglichen Leben realisiert werden, wofür sich der Schüler als erste Notwendigkeit einer inneren Reinigung unterziehen muß, um die klare Schau zu gewinnen, durch die sich der Blick für alles Gegensätzliche klärt.[22] Sämtliche Trainingsmethoden sind letztlich so angelegt, daß sie diese Reinigung bewirken, wodurch der Wille des Individuums in Einklang gebracht wird mit dem Weltengrund – dies: »Sei du nichts als mein Werkzeug«[23] ist die Lehre des inkarnierten, zeitlosen Gottes.

Die Saaten menschlichen Denkens und Handelns dehnen sich über alle drei Welten (*trilokas*) aus, über Erde, Atmosphäre und Himmel. Die bewußte, zielgerichtete Anstrengung, diesen großen Raum zu reinigen, beginnt bei dem *sadhana* (*sadh* – sich bemühen, streben) des Einzelnen; dem im Gemüt und Körper gereinigten *sadhaka* (der Übende) wird schließlich, als höchste göttliche Gnade, die Erleuchtung zuteil.

Die geistige Gemütsbewegung des Adepten ist *prema*, selbstlose Liebe. Wenn dann der Verzicht auf die Vorherrschaft des bewußten Willens geleistet ist, wird die Bereitschaft der Götter gewonnen zu helfen:

>»Du sollst Gott, deinen Herrn, lieben von ganzem Herzen, von ganzer Seele, von ganzem Gemüte und mit allen deinen Kräften.«[24]

Da aber das kleine Ich seine eigenen Pläne für die besten hält, sträubt es sich erst lange gegen die Mächte seines göttlichen Wesensgrundes, dadurch werden die Götter als Dämonen maskiert, dem Menschen gefährlich und der Einzelne sich selbst zur Hölle. Um die Begegnung mit der eigenen Seelentiefe mit ausgewogenem Gemüt zu vollziehen, bedarf es eines Helden (*vira*), der mit Schiwa identisch ist.

Während Babadschi durch Lahiri Mahasaya die Technik des *Kriya Yoga* verbreiten ließ, wodurch sterbende Körperzellen wieder erneuert werden, lehrte er durch Mahendra Baba den *manasa Yoga*, die Wissenschaft, den Geist zu stillen:

> »Seid stille und erkennet, daß Ich Gott bin.«[25]

Vollständige Geisteskontrolle durch *manasa Yoga* führt schließlich zur Beherrschung der Erscheinungswelt.

Aller Arbeit im Geistigen geht der unbedingte Glaube (*schradha*) an den spirituellen Führer voraus, eine auf dem Übungsweg unerläßliche Forderung, die außer dem schon erwähnten *sumirana*, der immerwährenden Erinnerung Gottes, auch *sahana*, Duldsamkeit und Beharrlichkeit, einbeschließt. Die Bereitschaft zu warten, ist dabei ein Aspekt des Opfers des Eigenwillens. Das gilt besonders für die vielen körperlichen und geistigen Tests, durch die hindurch der Schüler sich zu bewähren hat, alle noch so sinnwidrig scheinenden Aufgaben auszuführen.

Bei aller Betonung der Wichtigkeit des *sadhana* ist es aber auch der Glaube des Hinduismus, daß es genügt, in das *darschana* eines Heiligen einzutreten, um ständige und dauerhafte Hilfe im eigenen geistigen Fortschritt und in den persönlichen Angelegenheiten des täglichen Lebens zu empfangen. Was in vielen Abfolgen von Wiedergeburten nicht bereinigt werden kann, wird durch den *sadguru*, den höchsten Meister, in einem Augenblick durch das bloße Ausdrücken eines Wunsches erreicht. So ist auch der Segen, den Babadschi jedem erteilt, der seine Gnade erworben hat, »*mansa phalegi*« – dein Wunsch sei dir gewährt.

Die verwirklichende Kraft des vom Glauben getragenen Wunsches ist auch im christlichen Schrifttum als Aussage Christi dokumentiert:

> »Alles, was ihr bittet im Gebet, wenn ihr glaubet, werdet ihr es empfangen«,[26] sowie der vielfach zitierte Segensspruch: »Dir geschehe nach deinem Glauben.«

Das Bemühen um Selbstdisziplin erleichtert das Erkennen des Wahren, denn alles automatisch Sinnengebundene und ideologisch Bedingte im Verhalten, was für den ungeweckten Menschen so bezeichnend ist, werden durch diese allmählich überwunden. Dieses Erwachen bedeutet auch das Erkennen ›Ich bin nicht mein Körper‹ und das Aufgeben des selbstverständlichen Besitzanspruches all dessen, was ich als ›mein‹ betrachte. Erlösung aus der Bedingtheit geschieht durch den Zugang zum Wissen von dem, was im Menschen schon vorhanden ist, was nur bislang durch geistige Blindheit dem Erleben verborgen blieb.

Wenn die Aufnahmefähigkeit erlangt wird, alles zu assimilieren und nicht zu verdrängen oder abzulehnen, indem man lernt, in der Erscheinungswelt der *Maya-schakti* das Unvergängliche zu erleben, werden auch die schöpferischen Absichten Gottes im sogenannten Bösen erkannt, in dem ein verborgenes größeres Gut liegt, symbolisiert als der Schatz der Tiefe, als das Licht, geboren aus der Finsternis.

Babadschi, der erst nach etwa zwei Jahren seines öffentlichen Wiedererscheinens anfing, mehr als nur ganz selten einige Sätze, und das nur im privaten Dialog, zu sprechen, legt keinerlei Wert auf Diskussionen, auch hält er selbst keine Ansprachen oder Vorträge. In seltenen Fällen äußert er sich verbal zu den Fragen und Zweifeln eines Schülers. Alles, was dem Schüler nötig ist, zu wissen und zu erfahren, geschieht durch geistige Übertragung, durch die Begebenheiten des täglichen Lebens, die als ›Boten‹, als Fingerzeige Gottes zu verstehen sind.

Während der Trainingszeit in seiner Nähe beschränkt sich die Lehrmethode Babadschis hauptsächlich auf striktes Befolgen der Aschramdisziplin, der erteilten Anordnungen für einen selbst und das Zugegensein bei den täglichen *kirtan*-Sitzungen, die den Charakter von Unterrichtsstunden haben. Während von den anwesenden Gläubigen Mantras und religiöse Lieder, meist im Beisein von Babadschi, gesungen werden, geht er schweigend auf alle Fragen und Schwierigkeiten des Einzelnen ein. Um seine geistige Führung wahrzunehmen, braucht der Schüler sich nur ganz auf ihn zu konzentrieren.

Während des *kirtan*-Singens bildet das Psalmodieren des Mantras *Om namah Schiway*, eine der ältesten Sanskrit Gebetsformeln, den Hauptteil des Programms. Nach dem *Schiwa Purana* bewirkt dieses Mantra die Erfüllung aller irdischen Wünsche und das Erlangen der höchsten Glückseligkeit.

Nach den Grundprinzipien seiner Lehre befragt, antwortet Babadschi: »*Satya, saralata, prema*«. *Satya* – das Erkennen der Wahrheit jenseits aller Illusionen, durch die wir das zeitlose, universale Gesetz des Geistes, unseres eigenen Wesens und der Schöpfung erleben. Mahendra Baba erweiterte diesen Begriff der Wahrheit, indem er erklärte: »Was der Geist denkt, sollte die Stimme laut werden lassen und die Organe des Menschen ausführen.« Diese genaue Übereinstimmung der Gedanken, der Sprache und Handlungsweise ist für den Menschen Wahrhaftigkeit.

Wahrheit, als Grundlage der Einfachheit (*saralata*), ist das zweite Gebot. Einfachheit und Genügsamkeit im Anspruch an das Leben sind geboren aus Wahrhaftigkeit; alles Unechte, Verlogene führt zur Absonderung von der Wahrheit, zu Unglück und Komplikationen. Einfachheit bezieht sich auch auf eine objektive, unbelastete Einstellung der materiellen Welt gegenüber, wie ebenso ein unbeherrschtes Gemüt und Gier mit dem Prinzip der Einfachheit nicht verträglich sind.

Die alles Leben verbindende göttliche Liebe (*prema*), in allen Religionen der höchste Ausdruck des Göttlichen in der Schöpfung, ist Babadschis drittes Gebot an seine Schüler. Die Liebe, als gläubige Hingabe an den Meister, ist auch zu verstehen als der liebevolle Dienst am Nächsten, wobei immer das Nächstliegende die menschliche Aufgabe bedeutet.

Glaubet, übt euch in der Wahrheit, begnügt euch mit dem Wesentlichen, seid einfach im Denken und Handeln, liebet das Göttliche in allem Geschaffenen und übt euch im Dienen – das sind Babadschis Hauptforderungen an alle, die zu ihm kommen, um seinen Segen zu empfangen. Um diesem göttlichen Anspruch gerecht zu werden, weist *ekagrata* den Weg, das in Reinheit völlige Ausgerichtetsein auf die Schau des Göttlichen in der Welt:

> »Das Auge ist des Leibes Leuchte. Wenn dein Auge lauter ist, so wird dein ganzer Leib licht sein…«
> »Wenn nun dein Leib ganz licht ist, daß er kein Stück von Finsternis hat, dann wird er so licht sein, wie wenn ein Licht mit hellem Blitz dich erleuchtet.«[27]

Die Anweisungen des Gurus zu befolgen und dabei so zu handeln, daß man die Früchte seiner Arbeit nicht für sich beansprucht, sind die beste Verehrung, die man ihm entgegenbringen kann. Durch die in *sadhana* entwickelte Reinigung (purification), auch verbunden mit Körperwärme, werden alle die Seele verdunkelnden Elemente verbrannt, so daß dem Übenden hellseherische Fähigkeiten zuteil werden mögen, d. h. daß sich sogar Aspekte des Göttlichen bzw. die

Götter in ihm inkarnieren. Diese göttlichen Fähigkeiten oder Kräfte (*siddhis*) sind insbesondere die der Sicht, des Hörens, das Wissen um die Gedanken und Regungen eines anderen Menschen, die Rückerinnerung an vergangene Leben und die Schau in die Zukunft. Diesbezüglich lehrt das *sanatana dharma*, daß dem ichlos gewordenen *sadhaka* die Götter seine besonderen Wünsche erfüllen und seine Diener werden. Das Ziel aller Disziplin aber ist totale Erkenntnis, die unverschleierte Schau des Göttlichen:

> »Indem man alles Ischwara (Schiwa als dem Herrn des Universums) opfert, erlangt man *samadhi* (höchste Erleuchtung).«
> »Für alle Wesen bin Ich der gleiche. Mir ist keiner verhaßt noch lieb. Wer sich Mir aber weiht und anvertraut in voller Hingabe, der ist in Mir und Ich in ihm.«[28]

3. Babadschi und das sanatana dharma

Die Kernlehre der Veden ist die Darstellung der Gesetze des allmächtigen einen Gottes, die zur Zeit der Schöpfung gegeben wurden und deren essentielle Wahrheiten unzählig viele Male neu formuliert und durch inspirierte Vorbilder dem zeitgenössischen Leben erneut zugänglich gemacht wurden.

Hauptthemen indischer Weltanschauung sind das Freiwerden vom Leid, die Erlösung während des Lebens auf der Erde und das Erlangen der Unsterblichkeit. Wie diese Erlösung zu erlangen ist, vermittelt die Lehre vom Avatar, die besagt, daß Gott zum Menschen wird, damit der Mensch zu Gott aufsteigen kann. Sein Auftrag ist die Herbeiführung der Verwandlung des Menschen und einer alles umfassenden Erneuerung auf der Erde. Was nicht empfänglich ist für eine aufkommende höhere Schwingung, um mit ihr zu harmonieren, muß verschwinden in dem Prozeß, der die Welt von allen negativen Kräften säubern soll.

Zivilisationen sind untergegangen, weil sie kosmische Gesetze verletzten, die unparteiisch und unerbittlich sind, deren Kausalität weit jenseits des menschlichen Wahrnehmungs- und Einflußbereiches liegt und die deshalb nicht manipuliert werden können. An solch einer Zeiten- und Weltenwende steht die Erde mit dem Leben auf ihr in diesen Jahren.

Das *sanatana dharma* lehrt, daß es nur einen Gott gibt für die ganze Menschheit wie für das ganze Universum. Dieses all-eine göttliche Wesen als Anfang, Zentrum und Ende, als Urgrund und Substanz aller Dinge kann in jeder beliebigen Form geschaut, verehrt und angerufen werden, wie immer es dem Erlebnis des Wunderbaren und der Ehrfurcht vor dem letztlich Unaussprechlichen des Einzelnen oder auch ganzer Völkerschaften entspricht.

Nach Erzählungen vieler Schüler Babadschis ist er ihnen in den verschiedensten Gottesmasken erschienen, wie dies auch die *Bhagavad Gita* sagt, nämlich daß demjenigen, der das Göttliche mit wahrhaftem Glauben und ganzer Hingabe in einer bestimmten Form verehrt, sich Gott in *der* Form offenbart, die seinem Glauben entspricht.

Seinen im hinduistischen Glauben aufgewachsenen Schülern ist er erschienen als die Göttin Kali, als Rama, Krischna, als Schirdi Baba[29] und in der Gestalt von in Nordindien verehrten Heiligen, den Sikhs als Guru Nanak[30], den Christen unter seinen Anhängern als Christus, den Mohammedanern als der ›verborgene Prophet‹ (*khidr*), den die Sufis als die ›Achse des Zeitalters‹ als *qutb-i-zaman* verehren.

Der in Nordindien bekannte Heilige Nimkoroli Baba[31] erschien einigen seiner vertrauten Schüler im Traum und verwies sie auf die Bedeutung Babadschis. Sowohl der zeitgenössische indische Heilige Nantin Baba als auch der in Nordindien lebende Yogi Schri Vidyadhardschi[32], empfahlen ihren Schülern, das *darschana* Babadschi zu erlangen, da er »alles in allem« sei und das Göttliche in all seinen manifestierten Formen verkörpere. Nantin Baba fügte hinzu, daß die Zeit bald kommen werde[33], in der die wahre Bedeutung Babadschis auch der Welt kund getan würde.

Die verschiedenen Geschichtsperioden der Menschheit, als Zeiten des Sich-Realisierens im kosmischen Werdeprozeß, lassen immer adäquate Modelle entstehen, als dem Zeitgeist entsprechende Formulierungen der zeitlosen Botschaft, wie sie uns in unseren Tagen erneut vom Himalaya erreicht. Diese Botschaft enthält auch das Versprechen ewigen Lebens für jeden, der bereit ist, Glaubenskräfte in sich wirksam zu machen. Von jeher, gleich welcher Art die Glaubensvorstellungen und religiösen Überzeugungen der Menschen sein mögen, neigt sich das höchste Wesen allen Gläubigen gleichermaßen zu.

Die großen Lehrmeister aller Zeiten sagen aus und handeln immer als Wissende, appellieren an die wahre Identität des Menschen, an eine uralte Erinnerung des Seins, die tief in seinem Wesensgrund begraben ist.

Aus tiefenpsychologischer Sicht ist es immer das Vergangene, Unsichtbare, das uns Kunde gibt von dem, was wir sind und was, um richtungsweisend zu werden, vom Bewußtsein aufgenommen und integriert werden muß. Es spricht zu uns durch das Erscheinen von Bildgestalten, und unsere Aufgabe ist es, an dieser spirituellen Gestalt weiterzuweben im Bereich der physischen Existenz, damit sie unsere Leben fruchtbar berühre.

Das überindividuelle Bild, in der Gestalt des ›Urahnen‹ der Menschheit, wird unmittelbar erlebt als Bindeglied zwischen allen inneren Erlebniswelten und zwischenmenschlichen Beziehungen. Als existentes Kontinuum einer überraumzeitlichen Lebenseinheit kann es plötzlich und unerwartet in das zeitliche, persönliche Geschehen eingreifen und zur entscheidenden Begegnung werden.

Dieser Ruf aus den Welten der Unsterblichkeit wird, wenn er vernommen ist, zum Anspruch an die totale Bereitschaft, ihm Folge zu leisten.

Als Erfüller des Gesetzes: »Ich bin gekommen . . ., das Gesetz zu erfüllen«[34], stiftet der Avatar nie Ideenverwirrung; das Widersprüchliche in seinem Erscheinen spiegelt vielmehr das Maß des eigenen Verstehens, und diese Begrenzungen individuellen Wahrnehmungsvermögens gilt es zu transzendieren.

So muß sich die wahre Verwandlung im Bewußtsein des Menschen selbst vollziehen, wodurch erst seine eigentliche Existenz begründet wird und wodurch allein eine dauerhafte Lösung seiner Probleme möglich ist. Dieses neue Bewußtsein, eingependelt in den Zustand der Stille, wird zum fleckenlosen Spiegel des Seins, von dem alle Gottgesandten zeugen.

Der armselige Lebenslauf der meisten Menschen gibt mit seinen kleinen Erfolgen und Wunscherfüllungen nicht viel her, so daß das Bewußtsein dauernd damit beschäftigt ist, das ›Ich‹ darüber einigermaßen hinwegzutäuschen. Das Unter- und Überbewußtsein aber, das die Fülle aller Möglichkeiten träumend, erinnernd und ahnend in sich trägt, ist sich über die Erbärmlichkeit eines solchen durchschnittlichen Lebens im Klaren.

Doch hat das um die Ganzheit wissende Sein auf dieses Aufdämmern verschütteter Wahrheiten schon immer gewartet. Die Erlöserfigur, die in der Welt erscheint als Auge der Ewigkeit, ist das Vorbild und Maß aller Dinge; er ist es, der das schon Erahnte,

Bekannte und tief im Inneren Gewußte vermittelt. In seiner Schau und in der Begegnung mit ihm erfüllt sich für den Gläubigen die tiefste menschliche Sehnsucht, denn das durch die reine Schau erleuchtete Bewußtsein wird frei von allem Festgelegten und Bedingten.

Die Gnade dieser Schau und Begegnung, wie sie in den Erlebnisberichten vorhergegangener Kapitel aufgezeichnet wurde, bedeutet aber auch einen Anspruch und führt zur Erkenntnis der Verantwortung den Mitmenschen, wie allem Kreatürlichen gegenüber.

Alle solche Erfahrungen göttlicher Schau werden erlebt als Gnade, die nicht mit Maßstäben menschlichen Verdienstes oder Bemühens gemessen werden können. *Anubhava*, als unmittelbares, überwältigendes Erlebnis, ist wie ein Wirbelwind, der die Gefüge jedes ›Eigenbaues‹ hinwegfegt und dem Geist einen Weg bahnt.

Um das Ziel der Verankerung im eigenen göttlichen Wesensgrund zu erreichen, muß man darauf verzichten, alle geringeren Ziele anzusteuern:

> »Denn ihr sollt vollkommen sein, gleichwie euer Vater im Himmel vollkommen ist.«[35]

Um der Welt helfen zu können, muß jeder mit seiner eigenen Veredelung beginnen.

Dies ist auch die Geschichte des verlorenen Sohnes, der sich ›in der Fremde‹ seines liebenden Vaters erinnert und sich auf den Heimweg macht:

> »Wie viele ihn aber aufnahmen, denen gab er Macht, Gottes Kinder zu werden, die an seinen Namen glauben.«[36]

Dieses in der Fremde Verlorensein drückt die indische Philosophie mit dem Begriff des Verstricktseins in das Gewebe der *maya-schakti* aus, was die Verhaftung bedeutet in unserer eigenen Schöpfung, wie in der äußeren Welt, wodurch wir an einen endlosen Zyklus von Begierde und Sterben gebunden sind.

Durch den Eintritt in die innere Welt ist die Möglichkeit einer Erfahrung der eigenen Göttlichkeit als Einssein mit dem Vater gegeben, wobei die äußere, materielle Welt als ein Formgewordenes der unsichtbaren, subtilen Kräfte erfahren wird; dieses vermittelt auch das Erlebnis einer getrennten äußeren Welt und Existenz als Illusion. Das eigene Bewußtsein, einsgeworden mit der göttlichen

Substanz, entspricht dem "Utopia" der Philosophen, dem goldenen Zeitalter und Reich Gottes auf Erden.

"Der immerwährende Zyklus fünffacher Pflichtübung besteht aus Schöpfung, Erhaltung, Verschleierung, Zerstörung und Gnade - welches ist die Erlösung aus dem Kreislauf der Geburten und des Todes. Die ersten vier Äußerungen Gottes betreffen die Entwicklung der Welt, die fünfte bewirkt Erlösung."[37]

In der Ikonografie ist dieser Weg der Welt dargestellt als der Gang zum obersten Gott Schiwa, der mit vier rätselvoll verschlossen lächelnden Masken nach allen Weltgegenden blickt. Auf den Stufen ist alles bereit, und jede von ihnen meint eine Verwandlung in einem Gange, wo das, was anfangs über dem Haupte des den Weg Gehenden war, dann unter seinen Sohlen sein soll.

So zeigt sich auch jede echte Wahrheit in Gestalt von Widersprüchen, welche die Notwendigkeit bedeuten, augenblickliche Opfer zu bringen um der Ganzheit willen. Im Gehorsam einem Ganzen gegenüber beginnen dann Quellen aus eigener Tiefe zu fließen, und so wird schließlich dem verlorenen Sohn, der in der Tiefe der Verfremdung zu sich selbst kommt, durch die Zuwendung des Göttlichen das Herrengewand gereicht, wenn die Lichterlebnisse der "andern" Welt die eigene Seele erleuchten.

"Es wird aber des Herrn Tag kommen wie ein Dieb; dann werden die Himmel zergehen mit großem Krachen; die Elemente aber werden vor Hitze schmelzen, und die Erde und die Werke, die darauf sind, werden verbrennen . . . "
"Wir warten aber eines neuen Himmels und einer neuen Erde nach seiner Verheißung, in welcher Gerechtigkeit wohnt."[38]

Nach einer öffentlichen Prophezeiung im März 1976[39] durch das Medium einer seiner Schüler bestätigte Babadschi, was er schon verschiedentlich angedeutet hatte, daß unser Planet, mit allem Leben auf ihm, kataklysmischen Zeiten entgegensieht. Es wurde davon gesprochen, daß in den kommenden Jahren das *adharma*, die Gesetzlosigkeit und der Unglaube, weiterhin stetig zunehmen würden, bis dann umwälzende Ereignisse die Erdoberfläche so drastisch verändern würden, daß, abgesehen von Zerstörungen allgemeiner Art, voraussichtlich nur etwa fünfundzwanzig Prozent der Menschheit überleben werden. Dies sei das Werk

Schiwas, dessen Aufgabe es ist, zu dieser Zeitenwende dem Durchbruch eines neuen Bewußtseins zu verhelfen, womit der Same gelegt würde für ein neues Zeitalter der Wahrheit, das *satya yuga*, das einer uralten Sehnsucht der Menschheit nach Erneuerung entspricht.

Das Mittel, dieser Periode des Umbruches zu begegnen, sagt Babadschi, ist die Hinwendung eines jeden zu den Wurzeln der Religion, mit deren Kulturkreis er verbunden ist. Seit der Erschaffung der Welt bestehe das *sanatana dharma* wie ein großer Baum, dessen Wurzeln in der Ewigkeit verankert und dessen Zweige alle Religionsformen der menschlichen Geschichte sind. Aus diesen Zweigen wird das Leben wieder in den Hauptstamm zurückfließen, wenn die Menschen anfangen, die eine, tausendfältig geoffenbarte Wahrheit als Grundprinzip allen Lebens zu erkennen und ihr als solche huldigen.

Für dieses *Kali Yuga* haben die großen Lehrer der Menschheit das Anrufen des Namens Gottes empfohlen[40], als den sichersten und kürzesten Weg zu Ihm. In diesem Zusammenhang hat Babadschi erwähnt, daß asketische Übungen und spezifische Yogapraktiken für den Durchschnittsmenschen heute nicht geeignet seien, weshalb er auch in der Regel den *kriya yoga* nicht lehre. Jedem Menschen, der zu ihm kommt, empfiehlt er das Beten und Rezitieren des Mantras *Om namah Schiway* – Dein Wille geschehe, o Herr. Amen.

> »Das Wiederholen des Mantras OM ist wahrlich die Erinnerung Meiner; es ist eins mit Mir . . . Aus ihm ist auch geboren das fünfsilbige Mantra *namah Schiwaya*; dieses beinhaltet alles Wissen.«[41]

Sofern sie sich ihm öffnen, geht Babadschi auf alles das Persönliche Betreffende der Menschen ein, die zu ihm kommen. Er empfiehlt die Meditation, die Lektüre religiöser Werke, das Zusammenkommen zur gemeinsamen Andacht, das Sichausrichten nach der Wahrheit, Einfachheit und Liebe.

Da unsere Zeit der Inkarnation vieler großer Heiliger bedurfte, um so vielen Menschen wie möglich noch die Möglichkeit einer Besinnung und Einkehr zu geben, empfiehlt er, nach altem hinduistischen Brauch, das *darschana* der Gottmenschen zu erlangen, die den eigenen Lebensweg kreuzen.

»Viele Hunderttausende von Menschen werden kommen«, so

soll er einmal gesagt haben, »so viele Menschen wie Steine im Flußbett (des Gautama Ganga) sind, doch wird es kaum eine Handvoll Menschen sein, die mich wahrhaftig erkennen werden.«

Seine Schüler lehrt er, eine strikte Disziplin zu befolgen, um sie auf die bevorstehenden Zeiten vorzubereiten. Dabei scheint oft alles von ihm Gestaltete wie ein Spiel, mit viel Humor und Leichtigkeit. Doch lernt der Schüler bald, daß sich hinter der Maske des *Bhole Baba* – (des Babas, der einfach ist wie ein Kind) –, der mit einem spielt, wobei alles in einen Dreh kommt und das Festgesetzte durcheinanderwirbelt, sich *Vischwanatha Bhagawan*, der Herr des Alls, verbirgt. Aus dieser Bewegung in der Stille wird dann schließlich die neugeformte innere Kreatur geboren.

Seit jeher ist das Spiel der Modus, wodurch der Geist seine Gegenwart erleben läßt, der geschaut und erfahren wird als schwerelose Bewegung, als die Perfektion des Zusammenspiels aller erdenklichen Formen.

Das Versprechen Babadschis an diejenigen, die ihm nahe sind, ist:

> »Ich werde euch mit Wissen vorbereiten, das die Fesseln der Unwissenheit lösen wird, welche eure Herzen verschlossen halten, und werde sie empfänglich machen für Mitleid und Verstehen.«

Und sein Segensspruch für die belastete Menschheit lautet:

> »Ihr, die ihr Leid tragt, fürchtet nicht die Begrenzung der Zeit, denn ich werde zu euch kommen und euch lehren im Traum.«

. . . Sehr nachdenklich suche ich meine Schlafstelle auf. Dabei versuche ich im Halbdunkel zu erkennen, was Gepäckstück und was Menschenbündel ist, das sich in dem kleinen Raum am Boden liegend zusammengerollt hat. Es findet sich gerade noch ein schmaler Streifen für meinen Schlafsack. Ein kurzer Blick auf die Uhr – noch knapp vier Stunden vor Sonnenaufgang! Der morgige Tag wird viel Trubel mit sich bringen, und gleich nach dem *bhandara*, dem abschließenden Festmahl zum Anlaß des großen *yagyas*, wird Babadschi weiterziehen zu all den Menschen, die ihn anderenorts bereits erwarten.

Durch den Spalt des Fensterladens lugt ein Stern herein bis in die

Ecke, wo ich eingerollt liege. Wenn ich die Augen fast schließe, entsteht ein Lichtstrom zwischen ihm und mir, ein feiner silberner Faden, an dem ich ihn herunterziehen kann zu mir, ganz nahe, oder ist er es, der mich zu sich emporzieht?

Im Halbschlaf höre ich noch, wie sich dann auch die kleine Erzählergruppe auflöst und sich bis zum Morgen verabschiedet...

»*Bhole Baba Ki Dschai! Hadiyakhandi Bhagawan Ki Dschai!*«

ANMERKUNGEN

I SADASCHIWA AVATAR

1 Die Bezeichnung ›Hinduistische Religion‹ ist, strenggenommen, nicht korrekt, doch ist sie seit Alexander dem Großen allgemein gebräuchlich, der die Bewohner des Industales als ›Hindus‹ bezeichnete. Die traditionelle Bezeichnung der vedischen Lehre ist *sanatana dharma* – ewige Religion.

2 aus dem 1. Jhdt., H. H. Wilson (Hg.): *Collected Works*, 12 Bde., London/Berlin 1962–71, Bd. 4, Kap. 24.

3 *avatara* (Skrt.) – Herabkunft; *ava* = hinunter, *tri* = überqueren.

4 *Bhagavad Gita*, IV, 7–8.

5 *Teachings of Ramakrishna*, hrsg. v. Swami Buddhananda, Advaita Ashram, Indien, 1971, Paragr. 122 u. 126.

6 Sri Aurobindo Ghose: *Essays on the Gita*. Calcutta 1928, S. 814. (Deutsch: *Essays über die Gita*. Gladenbach 1977.)

7 um 800 n. Chr.

8 A. M. Shastri: *The Bhagavad Gita with the commentary of Sri Shankaracharya*, 5. Aufl., 1961, S. 218.

9 *Matth.* 17:1–2.

10 E. Hennecke u. W. Schneemelcher (Hg.): *Neutestamentliche Apokryphen*. Bd. 2, Johannesakten, ›Offenbarung des Kreuzesgeheimnisses‹, Abschn. 97–101, Tübingen 1971.

11 Die Verklärung Krischnas vor den Augen seines Jüngers Ardschuna, *Bhagavad Gita*, XI, 7, 8, 10–13.

12 S. Kap. II, 1, 2 und 4.

13 Die Lehre vom Gott Schiwa als Urprinzip allen Seins; vgl. K. Sivaraman: *Saivism in philosophical perspective*. Benares 1971.

14 *Purna* (Skrt.) = voll, ganz; *Maha* (Skrt.) = groß, höchst.

15 *Rig. Veda*, III, 62, 10.

16 Der göttliche Tanz der Auflösung alles Gewordenen am Ende aller Zeiten.

17 Vgl. ›Sivasahasranama‹ in der *Mahabharata*, XIII, 17.

18 *Mundaka Upanischad*, II, 1.4.

19 S. Teil I, Kap. 2

20 Unlängst wurde dem neugebauten Aschram von Babadschi die Bezeichnung ›Atal Kschetra Haidakhan Vischwamahadham‹ verliehen, was soviel bedeutet wie ›höchstheiliger Ort des Universums H. V.‹ Die Schreibweise von Haidakhan ist unterschiedlich: es sind die Versionen Hadiyakhand, Hairakhan, auch Herakhan gebräuchlich, die sich von ›Hiriyakhand‹ ableiten, was einen sehr heiligen Ort bezeichnet. ›Haida‹ ist der Name einer medizinischen Pflanze, wie sie in der Umgebung vielfach zu finden ist. Nach den Ausführungen des Schrift-

gelehrten, Propheten und Wandermönchs Mahendra Baba (vgl. Kap. II, 3), bezeichnen die fünf Silben des Namens *Ha-di-ya-khan-di*, als ein Titel Babadschis, die Elemente Äther, Luft, Feuer, Wasser und Erde; dieser Name wird auch als Mantra verwendet.

21 S. Karte, Bildteil.

22 Nur in Bruchstücken erhalten, vgl. John Dowson: *A Classical Dictionary of Hindu Mythology*. London 1972, 2. Aufl.

23 Karttikeya, oder Skanda, »der mit sechs Gesichtern«, ist ein Kriegsgott und entspricht dem Gott und Planeten Mars.

24 Nach dem *Vayu Purana* ein Wesen mit »tausend Köpfen, Augen und Füßen, mit tausend Keulen und Pfeilen ausgestattet«.

25 Sammelbegriff für die sieben Seher und Poeten, denen die Vedischen Hymnen offenbart wurden. Als die sieben Sterne der Konstellation des Großen Bären werden sie noch heute verehrt.

26 S. Kap. I, 6.

27 S. Kap. II, 4.

28 *lingam* – phallisches Kultobjekt aus Stein, mit dem Schiwa allgemein verehrt wird; *dhuni* – rituelle Feuerstelle.

29 *anima* – sich zur Größe des Atoms verkleinern
   mahima – sich zur Größe des Universums ausdehnen
   laghima – sich oder irgend etwas leicht machen wie Äther
   garima – sich schwer machen wie das schwerste Element
   prapti – alles bekommen können, was man sich wünscht
   vaschitwa – jeden und alles anziehen und beherrschen können
   prakamya – alles im Überfluß besitzen
   ischitwa – unbegrenzte Herrschaft über alles ausüben.

30 1977 im März aufgezeichnet nach der Erzählung von Pandit Goverdhan aus Katgharia Aschram, Distr. Nainital, U. P.

31 S. Kap. II, 3.

32 Hymnen und traditionelle Gebetsformeln, geschrieben und vertont von Mahendra Baba; sie bilden heute die Grundlage für den täglichen Gottesdienst im Aschram.

33 So z. B. *param santa* – höchste erleuchtete Seele,
   tarak brahma – Erlöser der Menschheit,
   triambak – Herr über die drei *gunas* oder Urqualitäten,
   Samba Sada Schiwa-Rudra – unwandelbarer, ewiger Schiwa – eins mit seiner Göttin, genannt Amba, Mutter des Universums –, der in seinem zerstörerischen Aspekt Rudra heißt.
   aschtasiddhi sampan yogi radscha – König der Yogis, dem alle okkulten Mächte dienstbar sind.

34 eines von 18 *Puranas* oder ›alten‹ Schriften, dem Gott Schiwa heilig; *Satarudra Samhita*, V, 43 ff., Ancient Indian Tradition and Mythology Series, Delhi 1974, 3 Bde.

35 identisch mit der Höhle am Fuße des Kurmantschal Kailasch.

1   *lila* (Skrt.) = göttliches Spiel, Drama; die Geschichte der Schöpfung in ihrer Offenbarung als *lila*, als Spiel Gottes mit seiner Kreatur, ist ein Hauptthema des hinduistischen Mythos, in dem das Göttliche dargestellt wird im Rahmen einer spielerischen, dramatischen Auseinandersetzung mit seinen verschiedenen Aspekten. In der Meister–Schüler-Beziehung enthält die *lila*-Gestaltung immer einen essentiellen Lehrsatz.

2   Vgl. Kap. I, 3.

3   *Bhagavad Gita*, IX, 22.

4   S. Paramahansa Yogananda: *Autobiografie eines Yogi*, Kap. XXXIV.

5   *op. cit.*, Kap. XXVI.

6   wie z. B.: die Ryuni Höhle zwischen Almora und Ranikhet, in der sich ein Süßwasserteich befindet; dort verbrachte Babadschi dreihundert Jahre in Meditation.

7   Die umfassendste Zusammenstellung der Erlebnisse und Erinnerungen an Baba Haidakhan ist von Hem Chandra Joshi, *Mere Pyare Bhagwan Sri Hadiyakhandi Ka Avirbhav Evan Unki Lila*. Vrindaban 1973, vgl. auch Baba Hari Dass, *Hariakhan Baba. Known, unknown*, Davis, Calif., 1975.

8   Schri Schiromani Patak aus Schitlaketh und Schri Takur Guman Singh Naula aus Dyula bei Haldwani, U. P.; dessen Enkel besitzen noch heute einige Gegenstände, die dem Großvater von Babadschi geschenkt wurden.

9   erzählt von Pandit Goverdhan aus Katgharia Dham bei Haldwani; aufgezeichnet im März 1977. Dieser Aschram wurde im vorigen Jahrhundert erbaut.

10   freiwilliges Verlassen des Körpers großer Heiliger als Ausdruck der Erkenntnis des Zeitpunktes ihrer Todesstunde, wie dies auch von Christus berichtet wird.

11   Die gesammelten Erlebnisberichte beziehen sich auf die Jahre zwischen 1941 und 1968 und werden mit Quellenangaben im Aschram zu Haidakhan aufbewahrt. Dies gilt auch für Erlebnisberichte nach 1970.

12   Niels Olft Cressander; im Jahre 1941/42.

13   Die Geschichte der Familie ist veröffentlicht worden von Swami Fakira Nand: *Shri Bhagwan Haidakhandiji Adabhut Lilaen*. Ludhiana 1976.

14   hier nur auszugsweise wiedergegeben.

15   *Puniya Smriti*, Bombay 1945; *Anupam Kripa*, Vrindaban 1958; *Diviya Kathamrit*, Vrindaban 1959. Weitere Veröffentlichungen über Babadschi in Hindi sind von Schri Vischnu Datt Schastri, einem Schüler Mahendra Babas, der das Amt des Hohenpriesters bei allen von Babadschi zelebrierten *yagyas* innehat:
Schri Sadguru Stuti Kusumandschali, Bombay 1957.
Sada Schiwa Tscharitamrita, Alwar 1958.
Haidakhandi Stoti Mani Mala, Mathura 1960; sowie von dessen

Bruder Schri J. L. Mischra: *Schri Bhagwan Haidakhan Wale Baba,* Alwar 1958.

16 24. Februar 1958.

17 aufgezeichnet im Dezember 1975.

18 Der Einsiedler ist in der Gegend als Surya Devi Maharadsch bekannt; vgl. auch die Begebenheit, erwähnt bei Yogananda, wo Babadschi einem Pilger die Füße wäscht und sein Eßgeschirr reinigt, Kap. XXXIII, Ende.

19 In diesem Dörfchen erschien Babadschi im Oktober 1962 dem dortigen Lehrer fünf Nächte hintereinander mit dem Auftrag, eine Büste (*murti*) anzufertigen. Als diese fertig war, besuchte ihn überraschend sein Guru, der in Nordindien bekannte Heilige Nantin Baba, um sie einzuweihen. Seit dieser Zeit kam Babadschi als junger *sadhu* öfter zu dem Lehrer, streifte mit ihm zusammen durch die Gegend, zeigte ihm verschwiegene heilige Stellen und bedeutete ihm schließlich 1970, daß er nun im Hintergrund das *lila* beobachten solle, das im Begriff war, sich zu gestalten.

20 Ein- bis zweimal täglich vor Sonnenaufgang und -untergang zu baden, ist für den religiösen Hindu eine rituelle Notwendigkeit.

21 In den Jahren 1973–75 hatte Babadschi sich dem Ritual des *mùndan* (Rasur des Haupthaares) unterzogen, nach welchem über dem Kronentschakra das Haar beibehalten wird.

22 *Sandesch Sagar,* 20.9.1971, Haldwani, U. P.

III SADHANA (Übungsweg)

1 *Schiwa Samhita* (samhita = Textzusammenstellung), I, 10.

2 *Rig Veda,* X, 90, 14.

3 *Schiwa Samhita,* I, 1–5.

4 *Mundaka Upanischad,* III, 2,8.

5 *Bhagavad Gita,* II, 50.

6 das Erlebnis wurde 1977 aufgezeichnet.

7 *Navratas* (wörtl. neun Nächte), eine religiöse Festzeit im März und Oktober, die den Sieg des Lichts über die Finsternis begeht.

8 religiöser Text zu Ehren der göttlichen Allmutter Durga.

9 *Kailascha Samhita,* III, 4.

10 *Rig Veda,* X, 129, 3.

11 I. *Chronik,* 21:26.

12 ›Tantrasara‹, 698; Sir John Woodroffe (pseud. Arthur Avalon), *Schakti und Schakta,* München 1961, S. 559.

13 *Tschandogya Upanischad,* III, 14.

14 *Gu* – Dunkelheit; *Ru* – ist verwandt mit *ruach* (Hebr.) – Geist, Licht; vgl. auch *Guru Gita,* 23 und 24.

15 *Johannes,* 3:3.

16 *Guru Gita,* 76.

17 *Schiwa Purana*, Band III, Kap. 55; und *Mahabharata*, XIII, 17: ›Śivasahasranama‹.

18 Vgl. *Johannes*, 8:51, »So jemand mein Wort wird halten, der wird den Tod nicht sehen ewiglich.«

19 Vater der Sita (Gemahlin König Ramas, des Haupthelden des *Ramayanas* und Avatar Vischnus); er war seines großen Wissens wegen, seiner guten Werke und Heiligkeit weithin berühmt.

20 Hinduistische Gottheiten werden, zum Zeichen ihrer Allmacht, mit vier oder auch mehr Armen dargestellt. Das dritte, göttliche Auge auf der Stirn, auch das ›Geistesauge‹ genannt, schaut die Einheit aller Zeit.

21 *Matth.* 5:17; *Matth.* 6:33.

22 Vgl. auch den alchimistischen Prozeß, der in den Meditationserlebnissen, Kap. II, 2, geschildert wurde, von *separatio, purificatio, cohobatio* – die Reinigung der einzelnen Teile und deren neue Zusammenfügung gebiert das Neue, den erleuchteten Menschen. Um diese Heilung zu bewirken, nimmt der Guru die Last des Karmas des Schülers auf sich.

23 *Bhagavad Gita*, XI, 33.

24 *Markus*, 12:30.

25 *Psalm* 46:11.

26 *Matthäus*, 21:22.

27 *Matthäus*, 6:22; *Lukas*, 11:36.

28 Patanjali: *Yoga Sutras*, II, 44; *Bhagavad Gita*, IX, 29.

29 Schirdi Baba – 1918 ins *samadhi* eingegangener Heiliger aus Mittelindien, Großprovinz Gudscharat, benannt nach dem Dorf, in dem er eines Tages erschien. Wie der Dichter Kabir wird er von Hindus und Mohammedanern gleichermaßen verehrt.

30 Guru Nanak – Begründer der hinduistischen Glaubensgemeinschaft der Sikhs: 1469–1539.

31 Nimkoroli Baba – lebte bei Almora und starb 1973.

32 Schri Vidhyadhardschi – lebt heute in Karanbas in der Nähe von Aligarh (Großprovinz Uttar Pradesch).

33 bei einem Gespräch im kleinen Kreis in Vrindaban, Haidakhan Mandir, Sambasadaschiwa Kunda, im Februar 1972.

34 *Matthäus*, 5:17.

35 *Matthäus*, 5:48.

36 *Johannes*, 1:12.

37 *Vidyeschwara Samhita*, X, 2, 5.

38 *2. Petrus*, 3:10 und 13.

39 im größeren Kreis seiner Schüler, am 15.3.1976 in Dschaipur, Radschasthan. Diese Prophezeiung ist anderenorts seither verschiedentlich wiederholt worden, unter Erwähnung weiterer Einzelheiten.

40 z. B. Acharya Tulsi Das, Autor des in Indien berühmten religiös philosophischen Gedichtes *Ram Tscharit Manas*; lebte im 16.–17. Jhdt. Auch der Prophet Mohammed empfahl als den kürzesten Weg

zu Gott das Anrufen seines Namens ›Allah‹; vgl. auch das ›Herzgebet Jesu‹ der Hesychasten: »Herr Jesus Christus sei mir (Sünder) gnädig«, in unserer Zeit popularisiert durch das Buch *Aufrichtige Erzählungen eines russischen Pilgers*. Freiburg: Herder 1978[7].

41 *Vidyeschwara Samhita*, X, 17 und 21.

Die von Babadschi errichteten zugänglichen Tempel und Aschrams sind

Haidakhan Vischwamahadham, P.O. Haidakhan, via Kathgodam, Distr. Nainital, U(ttar) P(radesch); erbaut in den vierziger Jahren des vorigen Jahrhunderts.

Siddhaschram, etwa 28 km westlich von Almora, U.P.

Kauschani Aschram, 48 km nördlich von Almora, U.P.

Dhanyan Haidakhan Lila Kschetra Dham, P.O. Nagarkhan, Distr. Almora, U.P.; etwa einhundert Jahre alt.

Haidakhan Mandir, Chilianaula, Nr. Ranikhet, Distr. Almora, U.P.

Haidakhan Mandir, Sambasadaschiwa Kunda, Gopinath Bazar, Vrindaban, Nr. Mathura, U.P.; erbaut 1958 von Mahendra Baba.

Madhuban Aschram, bei Vrindaban, P.O. Moholi, Mathura, U.P.; Babadschis *dhuni* (rituelle Feuergrube) dieses Aschrams ist über 60000 Jahre alt.

Haidakhan Mandir, Gwalior, Tatipura, Murar, Radschasthan.

Haidakhan Mandir, Gauhati, Tschenikuti, Assam.

Haidakhan Mandir, Dariapur, über Hilsa, Distr. Nalanda, Bihar.

Haidakhan Mandir, Vapi, Sambasadaschiwa Kunda, Distr. Balsar, Gudscharat.

Dschanakpuri Aschram, A-2/228, Dschanakpuri, New Delhi-58.

Indrapuri Aschram, B-1, Indrapuri, New Delhi-12.

Cisternino Aschram, Brindisi, Italien

GLOSSAR

adharma	Gesetzlosigkeit, Chaos
adi puruscha	das Wesen des Urbeginns; *adi* = Anfang, *puruscha* = unvergängliches Selbst
adi Schankara	Heiliger und Religionserneuerer des 9. Jhdts.
Amba	einer der Namen der Mutter des Weltalls, eins mit Schiwa
anubhava	unerwartetes, blitzartiges Ganzheitserlebnis des Göttlichen
arati	rituelle Andacht, Weihezeremonie
asana	Sitz, Yogaposition
aschram	Herberge bei einem Tempel
aschthasiddhi	acht Machtaspekte Schiwas, vgl. Anm. I, 30.
atman; param-	das Selbst; Universales Selbst
avadhud	Lichtwesen
avatar; maha-; purn-;	göttliche Inkarnation; große g. I.; volle g. I.
avidya	Unwissenheit, geistige Blindheit
ayonisambhava	nicht von einem Mutterleib Geborener
Babadschi	›Verehrter Vater‹, respektvolle Anrede für Menschen des religiösen Lebens
Baba Goraknath	Avatar Schiwas zu Beginn des *Kali Yugas* (etwa 3100 v. Chr.), berühmt wegen seiner Wunderwirkungen
Bhagawan	der Herr
Bhagavad Gita	›das Lied der Gottheit‹, enthält als kleiner Abschnitt des Epos *Mahabharata* die Essenz hinduistischer Glaubenslehre
bhakti	gläubige Hingabe an das Göttliche
bhandara	Tempelfestmahl
Bhole Baba Ki Dschai!	›Es lebe *Bhole Baba!*‹
Bhole Nath	Name Schiwas, ›Herr der Einfachheit‹
bindu	Punkt des Überganges zwischen Manifestiertem und Unmanifestiertem
brahman	das Absolute, Göttliche
brahmin	hinduistischer Priester
brahmatscharin	religiöser Adept
Bhrigu Samhita	astrologisches Weisheitsbuch, auf einen der sieben *Rischis* mit gleichem Namen zurückgehend
buh	Erdreich
buwah	Reich der Atmosphäre
dakschinamurti	= Guru murti, göttlicher Jüngling, Erscheinungsform Babadschis

darschana	›Einblick‹ in das Göttliche, Erlebnis durch die Schau
dharma	Gesetz, Ordnung, Pflicht
deva (Pl. ta)	göttliche Wesenheit
dhuni	Feuergrube
dhyana	Meditation
Divya Kathamrit	literarisches Werk Mahendra Babas
Dschanaka	Yogi und Weiser, Vater der Sita
dschapa (mala)	Repetieren eines Mantras (mit Gebetskette)
dschivanmukti	im Leben Erlöster
dschyoti	göttliche Lichterscheinung
Durga	›die schwer zu Erreichende‹, Name der großen Göttin
Durga Sapt Schati	literarisches Werk zu Ehren der Göttin Durga
dvapara (yuga)	der auf das Zeitalter der Wahrheit folgende Zeitabschnitt
ekagrata	unbeirrbares Sich-Konzentrieren
Gautama Ganga	heiliger Fluß bei Haidakhan, benannt nach einem der sieben Rischis gleichen Namens
ghi	ausgelassene Butter
Gudscharat	Großprovinz in Mittelindien
guna	Eigenschaft; Qualität
guru	spiritueller Lehrer
Guru Gita	ein Teil des *Skanda Puranas*, Lehrbuch über die Meister-Schüler Beziehung als Dialog zwischen Schiwa und seiner Gemahlin Parvati
Guru Nanak	Begründer der religiösen Glaubensgemeinschaft der *Sikhs*; 1469–1539
gyani	Weiser, Wissender
Hanuman	einer der Unsterblichen; Affenkönig; Held des Epos *Ramayana*
Hari Om	›Ehre sei Gott‹; ein Mantra
havana	rituelle Feuerzeremonie
Himalaya	›Stätte des Schnees‹
Ischwara	der Herr, Name Schiwas
Kailasch	heiliger Berg im Kumaongebiet und in Tibet
Kali; (yuga)	›die Schwarze‹, Name der Großen Göttin, nach ihr benanntes Zeitalter, das 3100 v. Chr. begann
Kaschi	alter Name für das indische Varanasi (Benares)
kalpa	kosmische Periode, ein Äon in vier *yugas* unterteilt
kantschhopi topa	himalayische Ohrenkappe
karma	Folge der menschlichen Handlungsweisen; Tat
Karttikeya	auch *Skanda* genannt, Sohn des Schiwa, iden-

	tisch mit dem Planeten und Gott Mars
khidr (Arab.)	›der verborgene Prophet‹
kirtan	das Singen religiöser Lieder
kriya yoga	geistige Lehrmethode Babadschis, die der Erneuerung des Lebens dient
kripa	göttliche Gnade
kunda	Grube; Stelle
kundalini (maha-)	Schlangenkraft, göttliche Energie, auch personifiziert als die Große Göttin
kuti	Hütte, Einsiedelei
kurta	langes Hemd
Lahiri Mahasaya	Schüler Babadschis (19. Jhdt.) im *kriya yoga*
Lakschmana	jüngerer Bruder König Ramas
langoti	Lendenschurz
lila	göttliches Spiel, Drama
lingam	phallisches Kultsymbol zusammen mit *yoni*; Symbol Schiwas
Ma	(göttliche) Mutter
Mahabharata	größtes Epos der Weltliteratur, ›der große Krieg der *Bharatas*‹ zwischen zwei Fürstengeschlechtern
Mahadeva	›großer Gott‹, Name Schiwas
mahatma	›große Seele‹, Heiliger
Mahaschakti	›Große Kraft‹, Name der Großen Göttin als Allmutter
Mahendra Baba	Schüler Babadschis (gest. 1969), bereitete seine Anhänger auf das Wiedererscheinen Babadschis als Schiwa-Avatar nach seinem Tode vor
Maheschwara	Name Schiwas
mala	Gebetskette
manasa (yoga)	›Geist‹ (engl. ›mind‹), Yoga der Geisteskraft
Manasarovar	einer von zwei heiligen Seen am Fuße des Kailasch in Tibet
mandala	Plan, Meditationssymbol
mandir	Tempel
›*Mansa phalegi*‹	›dein Wunsch sei dir gewährt‹, Segensspruch Babadschis
mantra	Gebetsformel, selbstwirkende Tonschwingung
maya-schakti	die Schöpfung als Weltillusion, personifiziert als die Große Göttin; das trügerische Gewebe der Schöpfung
memsahib	Dame, Herrin
Meru	›der goldene Berg‹, *axis mundi* und Sitz des Pantheons der Götter, mit dem Kailasch im Kumaon identisch
meru-danda	Wirbelsäule

mukti	Erlösung
murti	Form, Statue
Navratras	religiöses Fest der ›neun Nächte‹ im März und Oktober, feiert den Sieg des Lichts über die Finsternis
Nimkoroli Baba	lebte bei Almora und starb 1973
Om (Aum)	Urton der Schöpfung, symbolisiert die Alleinheit des Göttlichen und impliziert die Trinität Brahma, Vischnu und Schiwa
Om mani padme hum	›der Juwel ist im Lotus‹, tibetisches Mantra
Om namah(a) Schiway(a)	›ich ergebe mich Schiwa‹ (dein Wille geschehe, oh Herr, Amen), ein Mantra. Die Sanskrit Aussprache ist *NA-MA-HA SCHI-WA-YA*. Die Hindi Aussprache *NA-MAH SCHI-WAY*.
padmasana	›Lotussitz‹, Yogaposition
pantschagni tapasya	›fünf-Feuer Askese‹
pitha	Sitz der Gottheit
prakriti	Urmaterie, Natur
pralaya tandava	Tanz der Weltauflösung Schiwas
pranama	Verehrungsbezeigung, Knie- oder Fußfall
prasada	›Reinheit, Helligkeit‹, gesegnete Speise
prema	(göttliche) Liebe
pudscha	religiöse Andacht, verbunden mit besonderem Ritual
Purana, (vgl. Uttar Manas Skanda-; Schiwa; Vayu-.)	religiöse Literaturgattung; *purana* – alt, bezeichnet 18 Schriftsammlungen, von dem legendären Poeten *Vyasa* zusammengestellt und jeweils einer Gottheit gewidmet.
puran ahuti	Schlußzeremonie beim Feueropfer (*Yagya*)
purnaham	das höchste Wesen
puruscha	unvergängliches Wesen; Mensch
qutb-i-zaman (Arab.)	›Achse des Zeitalters‹
radscha	Fürst, König
radschas	eine der drei Urqualitäten, oder *gunas*, ›Leidenschaft‹
Radschasthan	Großprovinz Mittelindiens
Ramayana	›Abenteuer des Rama‹, Epos, geschrieben von dem Weisen Valmiki ca. 500 v. Chr.
Ravana	›der Brüllende‹, Dämonenkönig
Rig Veda	›Veda der geistlichen Verse‹, einer von vier Vedas
rischi	›Seher‹, Weiser, Heiliger
Sadaschiwa	ewiger Schiwa, Name Schiwas
sadhaka	Übender

sadhana	Übungsweg, Exerzitium
sadhu	Wandermönch
sahana	Geduld, Toleranz, Beharrlichkeit
Sakschat Schiwa	Inkarnation Schiwas in einen Körper mit fünf Elementen
samadhi; (maha-)	Zustand tiefer Meditation; bewußtes Sterben von Heiligen
Sambasadaschiwa	›ewiger Gott Schiwa, eins mit seiner Gemahlin Amba‹
Samhita (vgl. Kailasch; Schiwa-)	Textsammlung
sanatana dharma	das ewige, eine göttliche Gesetz
sanskara	in der Seele befindliche Eindrücke vieler vorhergegangener Inkarnationen
Sati	›die ihrem Mann vertrauende Frau‹, Gemahlin Schiwas
satsang	religiöser Diskurs, Treffen
sattva	einer der drei *gunas*, ›Reinheit‹
satya; (-yuga)	Wahrheit; Zeitalter der Wahrheit
Schakti	göttliche Energie, auch personifiziert als Große Göttin
Schankara	›Freudebringer‹, Name Schiwas
Schastras (pl.)	*Schastra*, heilige Schrift, wissenschaftliches Kompendium
Schirdi Baba	Heiliger, benannt nach dem Dorf, in dem er erschien, in der Großprovinz Gudscharat, ging 1918 in sein *samadhi* ein, wird wie der Poet *Kabir* von Hindus und Mohammedanern gleichermaßen verehrt
Schiwa	›der Glücksbringer‹, hinduistische Gottheit; das Selbst aller Dinge
Schiwaratri	Nacht des Schiwa; die ›kleine Nacht Schiwas‹ ist monatlich etwa zwei Tage vor Neumond. Einmal jährlich im Februar/März wird das große Fest der *Mahaschiwaratri* gefeiert, wobei tagsüber gefastet wird und die Nacht wachend, meditierend, singend, mit kultischen Handlungen im Tempel oder vor dem Hausaltar verbracht wird.
schiwoham	›ich bin Schiwa‹, Zustand des Einsseins mit dem Göttlichen
schradha	unbedingter Glaube
Schukadeva	Weiser und Yogi des indischen Mythos
siddha	Vollendeter, voll verwirklichte Seele
siddhasana	Yogaposition
Siddheschwar	heiliger Berg bei Haidakhan

siddhis (pl.)	übernatürliche Kräfte
sumirana	ständiges Er-innern und Sich-Konzentrieren auf Gott
swaha	Himmel; Licht; Schlußgebet, wie ›Amen‹, bei rituellen Opferfesten (= ›ich opfere‹)
swayambhu	aus-sich-selbst Geborener
tamas	›Finsternis‹, einer der drei *gunas*
tandava	wilder Tanz Schiwas zur Zeit der Weltauflösung
tantra	religiös-philosophische Geistesrichtung des Schaiwismus
tapas; (-ya)	›Glut‹, Inbrunst; Askese
tedschas	entstehende Hitze bei spirituellen Übungen, Lichtenergie
tilaka	rituelle Markierung auf der Stirne
triloka	›drei Welten‹: Erde, Atmosphäre, Himmel
tschakra	›Rad, Kreis‹, feinstoffliches Bewußtseinszentrum
Tschandogya Upanischad	eine Sammlung der *Upanischaden* oder ›esoterische Doktrin‹ als dritter Teil der *Veden*
Tulsi Das	(*Atscharya* – Lehrer) geistiger Führer des 16. oder 17. Jahrhunderts n. Chr., Autor des berühmten religiös-philosophischen Gedichtes *Ram tscharit manas*
Upanischad	›letzter Abschnitt eines *Veda*‹, auch *Vedanta* genannt; enthalten die Prinzipien aller hinduistischen Philosophien
Uttar Pradesch (U. P.)	nördliche Großprovinz Indiens
vastupuruschaman – dala	Tempelplan nach kosmischem Vorbild
Veda	›Wissen‹, ältestes Schrifttum Indiens, auf *schruti*, dem ›Eingegebenen‹, beruhend, das die *Rischis* – ›Seher‹ empfingen
vibhuti	›*vibhu*‹ – alles durchdringend; heilige Asche
vidya	Wissen, Weisheit
vira	Held des Yogaweges
Vischwanatha	›Herr des Universums‹, Titel Babadschis
Vyasa	auch der ›Unsterbliche‹ genannt, legendärer Autor des *Mahabharata* und aller *Puranas*
yagya; (-schala)	vedisches Feuerritual, Opfer; Feuergrube
yantra	kosmisches, magisches Diagramm
yogi	der den Yogaweg, den Weg der Vereinigung Gehende
yoni	›Gebärmutter, Quelle‹, mit *lingam* Kultobjekt
yuga	Zeitalter, Lebensperiode; ein Äon (*Kalpa*) enthält vier *yugas.*

Nachwort zur dritten deutschen Ausgabe

"Nachdem der Herr, Geliebte, so mit uns getanzt hatte, ging er fort. Und wir waren wie Verirrte, oder auch in Schlaf Verfallene auf der Flucht, der eine dahin, der andere dorthin."

(Neutestam. Apokryphen, Johannesakten)

Am 14. Februar 1984, um 9.30 Uhr, ging unser geliebter Meister, Shri Haidakhan Wale BABAJI ins Mahasamadhi ein. Om namah Shivay.

So viel hat er uns durch sein Dasein im Körper gegeben. Er lehrte uns Hingabe, er lehrte uns leben. Nun lehrt er uns glauben,... und die Arbeit beginnt.

Ich war einer der Sieben, die bei ihm waren, als er von uns ging. Ich gab ihm sein letztes Bad, trug ihn zur Grabstelle, hüllte seinen Körper ein und half bei allen letzten Riten.

Babaji hat seinen Körper verlassen, doch uns hat er nicht verlassen, weder dich noch mich. Ich kann euch die Mischung von Freude und Trauer, Glückseligkeit und Schmerz nicht beschreiben, das Wunder des Glaubens, dass er tatsächlich Führer der Gläubigen ist. Bis jetzt haben sich seine Voraussagen erfüllt, und wenn dem weiter so ist, kommt nun die kranti (Zerstörung), und dann sein Wiederkommen in Herrlichkeit. Ich sage "in Herrlichkeit" - ich hoffe es...

Wir handelten sehr schnell, als wir seinen Körper zur Ruhe legten. Ich fühlte, wir hätten noch warten sollen.

Nun, da er von uns gegangen war, wurde uns allen klar, wie oft er darauf hingewiesen hatte. Langsam sickerte die Nachricht durch, und alle Gerüche, Bilder, Emotionen, die dieses Ereignis auslösten, begannen mich zu überfluten, als ich den Körper des Herrn zur Grabstätte trug.

Viele, viele Menschen, Tausende waren nach Haidakhan geeilt - die überwältigenden Gefühle und die Bewegung der Massen, mit der man fertig werden musste. Seit vier Tagen hatte ich weder geschlafen noch gegessen...

Jetzt erst beginnt unsere eigentliche Aufgabe.

Wir, du, alle müssen wir jederzeit vorbereitet sein auf das Wiederkommen des Herrn. Er kommt und geht, er war und ist immer, lebt, kommt und geht wie der Wind, erscheint, verschwindet, wechselt seinen Körper wie wir unsere Kleider wechseln. Er kam, nur mit einem Lendenschurz bekleidet - und so verließ er uns auch.

Die letzten Opfergaben legten wir in vielen Schichten um ihn: Seidenstoffe, Ketten, Gewürze, Früchte und viele rituelle Gegenstände. Wir schmückten seinen Körper mit Blumen, übergossen ihn mit Duftölen, zelebrierten zum letzten Mal die Lichtzeremonie. Dann gaben wir noch kiloweise Salz, Kokosnüsse, Süßigkeiten und schließlich Erde in das Grab.

Als ich sein Gesicht bedeckte, geschah mir etwas Merkwürdiges: mir wurde bewusst, dass er in Wirklichkeit gar nicht da gewesen war! Der "Mensch", den ich gekannt hatte, war ein murti (göttliches Bildnis) gewesen, das auch als solches verehrt worden war.

Als ich aus dem Grab herauskletterte, konnte ich kaum sprechen, noch aufrecht stehen. Mich überkam ein Weinen und Wehklagen über den Verlust dieses Körpers, eine Traurigkeit und ein Schmerz mit solcher Heftigkeit, wie ich es noch nie zuvor erlebt hatte, doch galt diese Trauer nicht Babaji selbst, sondern nur seinem Körper. Überwältigend intensiv war dieses Erlebnis. Aus dem Nichts war er dieses Mal als Mensch erschienen, hatte wie ein Mensch gelebt und war wie ein Mensch von uns gegangen, ganz öffentlich, vor den Augen aller.

Nun beginnt die Beziehung liebender Hingabe zu dem Herrn, der sagte:

"Euer innerer Impuls ist das Licht Gottes, er zeigt euch richtiges Handeln. Richtiges Handeln ist Dienst am Göttlichen. Dienst an der Menschheit ist wahre Religion. Das Wichtigste im Leben ist der Glaube."[1]

---

[1] Auszug aus dem Brief eines Schülers an seine Freunde, Haldwani, U.P. Indien, 19. 2. 1984

Babaji war aus dem Nichts als Mensch erschienen, hatte wie ein Mensch gelebt und als er ging, seinen Körper der Erde überlassen, um derentwillen er sich inkarniert hatte.

Gleich erhob sich die Kontroverse, ob er deshalb weniger göttlich sei. So waren diejenigen, die der Idee physischer Unsterblichkeit huldigten, tief verunsichert.

Es war nun an jedem seiner Nachfolger, in sich selbst den Punkt der Wahrheit auszuloten, durch welchen er mit dem zeitlosen Wesen des Meisters verbunden war und durch den er den Meister in seiner körperlichen Erscheinung wiedererkannt hatte.

"Dein Gott bin ich.... ich will, dass ausgerichtet werden heilige Seelen nach mir... du aber begreife das Ganze", hatte Christus nach der Überlieferung der Johannesapokryphen seinen Jüngern offenbart. *"Wofür man mich jetzt ansieht, das bin ich nicht... was du nicht weißt, selbst will ich es dich lehren."*[2]

Als Christus dem Johannes nach seiner Kreuzigung erschien, lehrte er ihm die essentielle Wahrheit dessen, was im Hinduismus unter dem Begriff "lila" verstanden wird:

"Was ich nicht bin, dafür bin ich gehalten worden, der ich nicht bin, was ich für viele andere war. Vielmehr ist das, was sie von mir sagen werden, niedrig und mir nicht angemessen. Da nun der Ort der Ruhe weder zu sehen noch auszusagen ist, um wie viel mehr werde ich, der Herr des Ortes weder zu sehen noch auszusagen sein... Mich aber sehe in Wahrheit... die du als ihr verwandt erkennen vermagst."[3]

Während seines physischen Daseins unter seinen Schülern hatte Babaji öfters erwähnt, dass nur wenige ihn wahrhaftig erkennen würden, dass die meisten, die zu ihm kamen, aus persönlichen Motiven handelten. Wenn man ihn fragte: "Wer bist du" hatte er geantwortet:

"Ich bin niemand und nichts. Dieser Körper ist nichts. Er ist nur da, um den Menschen zu dienen... Ich bin wie ein Spiegel, in

---

[2] (Hg.)Hennecke/Schneemelcher: Neutestamentliche Apokryphen, Johannesakten, Offenb. des Kreuzgeheimnisses, Bd.2, Tübingen 1964, S.157

[3] .op.cit.,Johannesakten, S 158

dem du dich sehen kannst... Ich bin wie Feuer, bleib` nicht zu weit
weg, sonst verspürst du keine Wärme, komm nicht zu nahe, um
dich nicht zu verbrennen. Lerne die richtige Distanz... Mein Name
ist Mahaprabhuji, der große Herr."[4]

Das göttliche Opfer des avatars in die Materie hinein gilt, der
Bewusstseinswandlung des gesamten Planeten, dem die Schwingungen eines unbegrenzten Bewusstseins so eine Höhe-
rentwicklung ermöglichen.

Wenn der äußere Meister als Mensch gegangen ist, lehrt er
den Schüler durch dessen innere Stimme. Johannes, in seinem
Erlebnisbericht an seine Mitbrüder, verweist auf das Kommen und
Gehen des zeitlosen Gottes im ewigen Kreislauf des Werdens und
Vergehens, dessen Anwesenheit überall und immer spürbar ist:

"Da wir also, Brüder, die Gnade des Herrn geschaut haben
und seine Liebe zu uns... lasst uns anbeten mit der Gesinnung der
Seele ihn, der Mensch geworden ist abgesehen von diesem Leib ...
wird er von einem jeden von uns angerufen... da er überall ist,
erhört er uns alle..."

"Daher seid auch ihr überzeugt, Geliebte, dass ich euch nicht
verkündige, ihr sollt einen Menschen verehren, sondern Gott den
Unwandelbaren, den unüberwindlichen Gott, der höher ist als alle
Gewalt und alle Macht und älter und stärker als alle Engel und
die sogenannten Schöpfungen und alle Äonen. Wenn ihr daher an
ihm festhaltet und euch auf ihn erbaut, werdet ihr eure Seele
unzerstörbar haben."[5]

Über dreizehn Jahre lang hatte Babaji unter den Menschen gelebt und sie gelehrt. Mit jedem Jahr war er - für diejenigen, die ihn
zu Anfang seines Erscheinens gekannt hatten als ein Wesen reinen
Lichts, ein Wesen augenscheinlich nicht von dieser Welt - immer
mehr körperhaft geworden, indem er sich tiefer in die Welt der
Materie begab und sich mit den alltäglichen Problemen der vielen
Menschen befasste, die hilfesuchend zu ihm kamen. Die wenigen
seiner wirklich Getreuen bereitete er auf die Zeit universaler Um-

---

[4] Alle hier aufgeführten Zitate Babajis aus "Ich bin Du", Babaji, Botschaften des Meisters vom Himalaya", (Hg) M.G. Wosien, Göttingen, 1985
[5] op. cit. Johannesakten, S. 159

wälzungen vor, von der er vor seinem Weggehen sagte, dass sie nun gekommen sei.

Dass die Welt tatsächlich bedroht ist, betonte Babaji ständig:

"Heute ist nicht nur die Menschheit in Gefahr, sondern alle Wesen des Weltalls. Ich muss nicht nur die Menschheit bedenken - die ganze Schöpfung ist zu retten. Wie ist das möglich?... (Lange Pause) Es ist unmöglich. Das auf die Welt zukommende Unheil ist unvermeidbar. Keine andere Zeit kann mit dieser verglichen werden... Die Revolution (kranti) wird nicht einmal Minuten dauern, in Sekunden wird sie vorüber sein. Die Länder, die die zerstörerischen Waffen erfunden haben, sollten nicht glauben, sicher zu sein."

Babaji war nicht bestrebt, eine große Nachfolge zu haben, doch unterwies er alle, die zu ihm kamen, seine Botschaft des GÖTTLICHEN EINHEITSBEWUSSTSEINS in ihre Heimatländer zu tragen:

"Ich will nicht Millionen von Anhängern. EIN vollkommenes Wesen genügt, die Welt zu verändern: Rama, Krishna, Buddha, Christus waren nicht viele - sie waren jeweils nur einer, doch haben sie die Welt verändert. Ich sage euch diese Dinge, damit ihr nicht meint, die Anzahl sei wichtig. Ein Lichtfunke genügt, um das Weltall zu erleuchten."

Sein größtes, die Menschheit betreffendes Anliegen war es, ihre Herzen und ihren Sinn zu wandeln, um Verwirrung und Übel aus der Welt zu schaffen. Dazu sagte er: "Wenn eurer Herz und Geist unrein sind, wie kann Gott darin wohnen? Das Wasser, um eurer Herz zu reinigen, ist der Name Gottes. Lehrt allen Menschen die Anrufung der Namen Gottes, überall auf der Welt."

Babajis Wirken umfasste drei Hauptgebiete: die Wiederaufrichtung des SANATANA DHARMA, des kosmischen Gesetzes, das der Schöpfung zugrunde liegt und sich in seinen drei Lehrsätzen von WAHRHEIT, EINFACHHEIT und LIEBE, sowie der dem Göttlichen geweihten Arbeit veranschaulicht: das immerwährende Ausgerichtetsein auf das Göttliche durch Gebet, durch das Wiederholen ohne Unterlass des Schöpfungsmantras OM NAMAH SHIVAY, von dem er sagte, daß es selbst den Tod überwinden könne: die Wiedereinführung des YAGNAS als eine universelle Praxis des Feuerrituals, das nach den Veden das wirksamste Mittel zur Harmonisierung kosmischer Energien ist, um das Gleichgewicht aller Lebenssphären herzustellen.

Babaji hatte auch oft davon gesprochen, dass er nur gekommen sei, um zu geben. Doch seien es nur wenige, die nach dem WAHREN fragten, um dessentwillen er gekommen sei. Einmal trat er zu einer Schülerin, die damit beschäftigt war, die Pflanzen im Ashramgarten zu gießen. Babaji nahm ihr den Eimer aus den Händen und schüttete alles noch übrige Wasser auf eine einzige Pflanze und sagte: Nicht so, gib alles. Verstehst du?"

Beobachtete man Babaji bei seiner Arbeit, wie er jemanden anwies, diesen Stein und nicht irgendeinen an eine ganz bestimmte Stelle zu legen, oder die Erde an einem genau in seinem Geiste vorgezeichneten Ort zu begradigen, dann konnte man erkennen, dass hier das KARMA (die auf der Seele durch viele Leben lastenden Ver-strickungen) aufgearbeitet wurde. Dies veranschaulicht die Vision einer Schülerin während des Steinetragens im Flussbett des Gebirgstales von Haidakhan:

"Goldenen Linien waren auf dem Erdboden vorgezeichnet. Alle mündeten sie in ein großes Tor. Die Arbeitenden bewegten sich emsig auf diesen Linien hin und her, gingen durch das Tor und wieder hinaus. Sobald aber jemand von diesen Linien abwich griff Babaji ein: *Hierhin den Stein, nicht dort! Nimm diesen Felsbrocken da, mach schnell, die Zeit drängt!*"

Von dieser Arbeit im Ashram Haidakhan Vishwamahadam, an dem Ort, den Babaji als den heiligsten auf der Erde bezeichnete, hatte er gesagt:

"Der Garten, den ihr hier anlegt, die Samen, die ihr hier sät, werden hier wie in anderen Welten Früchte tragen. Es ist dies eine geistige, keine materielle Arbeit. Es ist dies weder mein Werk noch eures. Es ist das Werk der gesamten Welt, mehr noch, des gesamten Kosmos. Könnt ihr das begreifen?"

In den letzten Monaten seines körperlichen Wirkens betonte Babaji immer wieder die Vergänglichkeit alles Geschaffenen und die Notwendigkeit einer gelösten, anspruchlosen Gesinnung, um eine innere Wandlung zu erfahren. Dies verband er oft mit dem Ausruf zur Wachsamkeit und der Bereitschaft, in jedem Augenblick sich von allen Bindungen lösen zu können:

"Veränderung ist nichts Neues. Es ist ein Naturgesetz. Was geboren ist, muss sterben und was stirbt, wird neu geboren... Niemand kann die große Veränderung aufhalten, die jetzt im Kommen ist... Bald wird ein neues Reich kommen. Nicht lange mehr, und ihr werdet eine neue Welt sehen... die Zeit ist gekommen. Der Mensch ist durch seine niedere Natur versklavt - ich bin gekommen, den Menschen auf einen höheren Weg zu führen: das höhere Selbst muss im Menschen entwickelt werden dadurch, dass sein Herz gewandelt wird. Seid menschlich!... Tragt diese Botschaft in die Welt!

Das Opfer des Göttlichen in die Materie hinein geschieht, damit etwas Höheres in ihr erwachen kann. Und so dient selbst noch das Weggehen des äußeren Meisters dem Schüler als Lehrbeispiel, um in ihm die Stimme des Meisters als inneres Erlebnis wahrzunehmen. Damit beginnt die Zeit seiner Mündigkeit, die Zeit der Entfaltung und Verwirklichung des göttlichen Bewusstseins im Menschen, der nun souverän dem Göttlichen als allgegenwärtig in seiner Schöpfung begegnen kann, durch keine äußere Form mehr gebunden. Somit werden auch seine Hinweise auf Einheit und Freiheit in einem tieferen Zusammenhang wahrgenommen:

"Sucht die Bewusstseinserfahrung, daß alles EINS ist.
Ich bin gekommen, um euch Einheit zu lehren,
jenseits aller Dualität.
Ich bin gekommen, die Schranken zwischen allen
Glaubensrichtungen zu beseitigen.
Ich bin gekommen, die Menschen aller Völker zu einen,
ohne Unterschied ihrer Herkunft. Es gibt nur eine Menschheit.
Ich möchte euch Freiheit lehren -
über alle eure Vorstellungen hinaus.
Ich werde eine Wasserquelle schaffen,
aus der Löwe und Ziege gemeinsam trinken.
Seid ihr glücklich, bin ich es. Seid ihr in Frieden, bin ich es.
GLAUBET, ALLES GRÜNDET IM GLAUBEN.

Ich habe euch den Weg gezeigt...
nun ist es an euch, euch selbst und die Welt zu erlösen.

Jai Mahashakti ki Jai
(Ehre und Preis der unendlichen göttlichen Energie)

Jai Vishva!
Dem Universum Ehr und Preis!

Maria Gabriele Wosien

VORWORT

Die Geschichten über Vasishtha[6] wurden von Shri Babaji in der letzten Woche des August 1983 erzählt, der Übergangszeit des Sommers in den Herbst. Die Erzählspanne schließt das traditionelle Rakhi-Fest des Versprechens der Beschützung des Jüngeren durch den Älteren mit ein, das in der Geschichte als Thema eine Rolle spielt und endet kurz vor der Geburtstagsfeier Krishnas, dessen Erscheinen auf der Erde einen neuen Zeitzyklus, das Kali Yuga einleitet und dessen Heldentaten das Epos Mahabharata gewidmet ist.

Thema der Erzählungen über Vasishtha ist die Wiederkehr des ewig Einen, der durch seine Geburt in Zeiten weltlicher Not dem Sieg des Lichts über die Mächte der Finsternis verhilft. Die Zentralfigur des großen Eingeweihten Vasishtha, ein schrulliger Überlebender des ersten Schöpfungstages, west in der Dimension der All-Zeit, in der die Erscheinungswelt ganz zurückgenommen ist auf dem Gipfelpunkt einer totalen Überschau. In seiner Funktion als geistiger Meister ist er entscheidendes Bindeglied zwischen dem göttlich Absoluten und der gottgesandten Erlöserfigur des Helden. Seine kargen Lehrworte vermitteln den Hinweis auf den durch göttlich inspirierte, mutige Tat zu begehenden schon vorgezeichneten Erlösungsweg.

Damit ist der zweite Themenkreis umrissen, der sich mit der Aufforderung einer imitatio dei, der furchtlosen Nachfolge des göttlich inspirierten Helden, an den Zuhörer wendet. Das menschliche Streben und Tun als solches, das zwischen Sein und Schein zu unterscheiden vermag, ist gezeichnet durch humoristische Karikierung, als rührender Versuch, dem unergründlichen göttlichen Plan für den menschlichen Eigenwillen doch etwas abzugewinnen. Couleur locale des Kumaongebietes im Himalaja vermit-

---

[6] Vashista ist einer der sieben Rishis, der Weisen des Anbeginns der Schöpfung. Er wurde aus dem Atem des Schöpfergeistes Brahma geboren. Vashishta ist auch der Verfasser der „Sieben Mandalas" des Rig-Veda und mehrerer anderer Hymnen. Er gilt als Verkörperung des vollendeten Brahmanen und wird als einer der Unsterblichen verehrt. Seine Frau Arundhati ist das Ideal einer treuen Lebensgefährtin und wird im Morgenstern verehrt.

teln die Dialoge Vasishthas mit seiner Frau und deren häusliches Beieinandersein.

Die dramatischen Umstände der mirakulösen Heldengeburt geben Aufschluß über eine wunderbare Dimension, wo Raum und Zeit zusammenfallen, wobei das „Mitleiden" des Meisters an der menschlichen Sehnsucht nach Erfüllung des schon vorgezeichneten göttlichen Plans die Realisation desselben bewirken.

Gott (Shiva) selbst, obwohl er nicht „persönlich" auftritt, ist der eigentlich Handelnde durch die Fügungen seines unergründlichen Ratschlusses, wie dies auch der Epilog anklingen läßt, der den Themenkreis abrundet. Aus dieser Sicht werden alle menschlichen Akteure zu liebenswerten, manchmal etwas eigenwilligen, aber immer humorvoll gezeichneten Marionettenfiguren.

Handlungsort der Hauptereignisse ist der Paradiesgarten Shivas, als „eigentliche" Welt, hier identisch mit dem Gebiet von Haidakhan im Kumaon Vorgebirge des Himalaja, ein Ort kosmisch/irdischer Begegnung des Urzeitlich-Wesentlichen mit dem Anbeginn einer neuen Zeit und Welt. [7]

Hier schließen sich dann auch die Zyklen von Geburt und Wiedergeburt, wie es durch die Begegnung von Vasishtha mit der Krähe Kakbhushundi veranschaulicht ist: die Weltmitte ist sowohl inneres Erfahrungsmoment, wie auch ein in unseren Tagen erreichbarer konkreter Ort auf dieser Welt.

In der Überschau sind Hintergrund und Vordergrund eins als Bewußtsein zeitloser göttlicher Allgegenwart. Damit wird die Welt des Märchens auch ganz aktuell: im Hier und Jetzt erfahrbar, in der Dimension täglicher Wirklichkeit.

„Phuro, laßt euch inspirieren vom göttlichen Geist und seid guten Mutes!"

Maria-Gabriele Wosien

---

[7] Dies wurde von Babaji in mehreren Ansprachen an seine Schüler erwähnt.

Der Weise Vashishta

(Geschichten über den Meister Ramas, erzählt von Shri Babaji im August 1983 in Haidakhan)

Eines Tages saß der Weise Vashishtha, einer der sieben Rishis[8] in seine Decke eingewickelt und hustete und hustete, bis er sich schließlich an Rama[9] wendete, der ihm zur Seite saß und sagte: „Mein Sohn, was bewegt deinen Geist, daß du so in dich gekehrt bist?"

Da erhob sich Rama und sagte: „Verehrter Meister, weise mir den Pfad der Erkenntnis."

Noch immer hustend, antwortete ihm darauf Vashishta: „Rama, mein lieber Sohn, mach dir deshalb kein Kopfzerbrechen: phuro - öffne dich dem göttlichen Geist und fasse Mut!" Dann wickelte er wieder seine Decke um sich und legte sich nieder.

Nun dachte Rama bei sich, daß sein Meister vielleicht an Fieber erkrankt sei. „Ob ich ihn nicht lieber mit Jhara[10] behandeln lassen soll?" überlegte er sich. „Vielleicht sollte ich den Geistheiler, Fakira, rufen."

Da kam auch schon Vishwamitra daher und fing an, den alten Vasishtha mit Jhara zu behandeln. „Er hat nur etwas erhöhte Temperatur", meinte er, als er mit seiner Behandlung fertig war.

„Lieber Meister, wie hast du denn diesen Husten bekommen?" fragte ihn Rama nach einer Weile.

Und Vasishtha, dem es nach der Jhara-Behandlung wieder ganz wohl war, stand auf und sagte: „Mein lieber Rama, mich berühren weder Freud noch Leid. Es gibt keinen Grund zur Sorge. Ich bin nicht krank. Phuro - fasse Mut!"

---

[8] Einer der Weisen des Anbeginns der Schöpfung, auch verehrt im Sternenbild des Großen Wagens.

[9] Königsohn und Held des Epos Ramayana, verehrt als göttliche Inkarnation Vishnus. Er ist einer der vier Söhne von König Dashratha und ständig von Lakshmana, einem jüngeren Bruder, begleitet.

[10] Heilung durch Mantren, indem man mit Pfauenfedern über den Körper des Kranken streicht.

Inzwischen war auch Lakshmana, Ramas jüngerer Bruder, gekommen. Beide Brüder verneigten sich tief vor ihrem Meister und setzten sich ihm dann zu Füßen. Darauf hub Vasishtha wieder an zu sprechen und sagte: „Lieber Rama, was ich dir jetzt sage ist ein puro Mantra[11], ein allumfassendes Mantra. Und zwar ist es dies: „Vervollkommne dich durch den Weg der Tat. Denn wisse, mein lieber Sohn, viele Male bist du schon auf diese Erde gekommen und viele Male wieder von ihr gegangen. Ich aber weiß darum. So höre denn: Elf mal bist du zur Erde gekommen und elf mal hast du sie wieder verlassen. Elf mal hast du den Dämonenkönig Ravana[12] getötet. Du weißt um all diese Dinge nicht. Ich aber weiß um sie. Denn viele Male habe ich dich eingeweiht in den Weg des Karma Yoga, in den Weg der Tat, und durch diesen Weg hast du die Welt erlöst. Dies ist ein puro Mantra, ein allumfassendes Mantra. Befolgst du es nicht, dann..."

Und der Meister Vasishtha hustete von Neuem, wickelte sich in seine Decke und betrat seine Hütte.

***

„Im Namen des Herrn, phuro, öffnet euch dem göttlichen Geist und faßt Mut" sprach Vasishtha, als er wieder einmal in seiner Decke eingewickelt auf dem Teppich in seiner Hütte lag. Und zu Rama gewendet sagte er: „Mein Sohn, komm und setz dich neben mich!"

Rama und Lakshmana setzten beide sich ihm zur Seite und Vasishtha fuhr fort: „Was möchtest du fragen?"

Da antwortete Rama: „Ich möchte Erkenntnis erlangen, die Erkenntnis darum, wie die Last der unrechten Taten, welche die Erde beschweren, verringert werden kann."

Und Vasishtha aus seiner Decke heraus, antwortete ihm: „Phuro - fasse Mut mein Sohn, du wirst nach Lanka gehen und Ravana bekämpfen. Und so wird die Last, die die Erde trägt, verringert werden!"

---

[11] Puro (Hindi) = voll, ganz. Babaji benützte häufig das Wortspiel von „Puro" und „Phuro", ein von ihm wie er sagte, geschaffenes Mantra.

[12] Dämonenkönig von Sri Lanka (Ceylon), der Sita, Ramas Gemahlin, in sein Reich entführte.

***

Zu jener Zeit aber gaben die Könige aller Länder ihre Hilfe dem Dämonenkönig Ravana. Doch Rama bekämpfte ihn mit seinem Heer von Affen und Bären. Und Hanumana kämpfte für Rama und holte weit aus mit seinem Schwanz.[13]

Vasishtha erzählte weiter:

„Und jedes Mal, wenn Humana seinen Schwanz schüttelte, dann verwandelten sich die Haare, die herausfielen, in feurige Pfeile und Geschosse, in die verschiedenartigsten Waffen, die alle Dämonen zunichte machten. Und obwohl Ravana viele Wasserstoffbomben besaß und auch jede andere Art von zerstörerischen Waffen, so waren doch die Waffen, welche aus den Schwanzhaaren Hanumanas entstanden, die mächtigeren, denn sie zerrissen den Dämonen die Brust und setzten das Herz Ravanas in Brand. Die ganze Schlacht nämlich focht Hanumana allein!"

Dies war es auch, was Vasishtha zu Rama sagte: „Alles wird durch Hanumana geschehen, du brauchst nichts zu tun, denn Hanumana wurde einzig dazu geboren, um diese Schlacht zu führen!"

Die Dunkelheit war hereingebrochen und nachdem sich die beiden Königssöhne tief vor ihrem Meister verneigt hatten, kehrten Rama und Lakshmana in ihren Palast zurück. Meister Vasishtha aber wickelte sich in seine Decke ein, bestrich seine Stirne mit der Asche des heiligen Feuers und legte sich nieder.

***

Und wieder legte der weise Vasishtha seine Decke beseite, nahm ein Bad, bestrich seinen Körper mit heiliger Asche, trat vor die Türe seiner Hütte, setzte sich nieder und sagte: „Puro ashirvad - mein ganzer Segen sei mit euch! Im Namen des Herrn, heute ist

---

[13] Göttlicher Held des hinduistischen Epos Ramayana in Gestalt eines Affen. Durch seine Taten befreite er Sita, besiegte Ravana und zerstörte dessen Reich.

der glückbringende Tag Rakshabandan, also euch allen ein „glückliches Rakhi".[14]

Und Vasishtha, vor seiner Türe sitzend, rauchte die Huka, seine Wasserpfeife, die anheimelnde Gurgeltöne von sich gab. Nach einer Weile segnete er die Anwesenden von Neuem und sagte: „Phuro - faßt Mut, öffnet euch dem göttlichen Geist. Shabda sacha, pinda kacha - das Wort ist ewig, das Fleisch aber vergänglich. Ishvarovacha - also sprach der Herr."

Und nachdem er dies gesagt hatte, ging Vasishtha seines Weges.

***

Wie stimmungsvoll ist es, wenn die Regentropfen auf die Erde prasseln, wenn die Wolken vom Donner aufgerissen werden, die Blüten ringsum ihre Gesichter lächelnd öffnen und Vögel von Zweig zu Zweig hüpfen. Wie schön ist jetzt der Garten, den ihr alle durch eure liebende Zuwendung und harte Arbeit geschaffen habt. So gleicht er auch dem Garten Chitrat, dem Himmelsgarten des Gottes Indra.[15] und es ist, als hätte sich der Paradiesgarten Shivas, der Garten Nandan Van, vom Himmel zur Erde gesenkt.

Nun geschah es aber, daß König Dashratha, Ramas Vater, eines Tages zum Nandan Van, diesem himmlischen Garten, reiste, in ihm umherging und sich an seiner Schönheit erfreute. Schließlich gelangte er zum weisen Vasishtha und setzte sich ehrfürchtig vor ihn hin, die Hände zum Gruß gefaltet.

Da sagte Vasishtha zum König: „Wie bist du hierher gekommen und was führt dich her? Phuro - öffne dich dem göttlichen Geist und sei guten Mutes!"

---

[14] Das Vollmondfest nach dem Juli-Vollmond Guru Purnima, ist dem göttlichen Meister geweiht. Am Tag Rakshabandan, mit dem die Sommerzeit zu Ende geht, wird nach altem Brauch ein Schutzband dem Älteren vom Jüngeren in der Familie, auch dem Meister vom Schüler um das Handgelenk gebunden, mit der Bitte um Schutz und Hilfe im neuen Jahr. An diesem Tag band Babaji selbst vielen seiner Schüler ein Rakhi um das Handgelenk, Symbol der Gewährung seines Schutzes.

[15] In den Veden verehrt als „Herr des Himmels".

König Dashratha antwortete dem Weisen: „Verehrter Meister, ich bin gekommen, um zu dir von meinem tiefen Herzeleid zu sprechen." Und der König fing vor dem Weisen an zu weinen.

Vasishtha, in seiner Hütte unter dem heiligen Banyanbaum, hatte inzwischen sein Gewand aus Baumrinde angelegt. Ringsum hörte man das Geschwätz der Affen und das süße Lied der Amsel, während die Pfauen nahebei tanzten und der Kuckuck aus der Ferne seinen Ruf ertönen ließ.

Und wieder fing König Dashratha zu weinen an. Da sagte der alte Vasishtha zu ihm: „Mein Sohn, was ist dir, daß du so unaufhörlich weinst?"

Dashratha antwortete ihm und sagte: „Ich weine, weil ich ohne Nachkommen bin. In all den langen Jahren meines Lebens habe ich nicht einmal eine Maus gezeugt."

Und es währte nicht lange, daß der weise Vasishtha aus Mitgefühl mit seinem Schüler auch zu weinen begann. Schließlich sage er: „Mein Sohn, ich kann es nicht ertragen, dich so leiden zu sehen. Gehe zum Garten Nandan Van, dem Paradiesgarten Shivas. Er wird dich dort mit der Erfüllung eines Wunsches segnen."

Einst nämlich gab es in dieser Gegend,[16] in der Höhe des Kailashberges, einen großen achtseitigen Garten. Alle Gipfel der umliegenden Berge befanden sich innerhalb dieses Gartens. Es war dies der himmlische Garten Nandan Van, voll der schönsten blühenden Bäume und Sträucher. Dort sang die Amsel ihr süßes Lied. Und dorthin lenkte nun König Dashratha seine Schritte.

Und ihr sollt wissen, daß nach diesem Besuch des himmlischen Gartens der König Vater von vier Söhnen wurde.

Das Bestehen dieses Ortes geht auf das Satya Yuga, das Zeitalter der Wahrheit zurück, zu Beginn unserer Schöpfung. Mit der Zeit aber, und weil die Erde unter den vielen schlechten Taten der Menschen zunehmend zu leiden hatte, denn sie hatte eine immer größer werdende Last zu tragen, senkte sich der Wasserspiegel des Manasarovar Sees und der Garten Nandan Van und verlagerte sich an einen anderen Ort. Zu jener Zeit aber erstreckte sich dieser Garten über viele Tausende von Meilen hinweg.

---

[16] Babaji bezieht sich auf das Gebiet um Haidakhan.

Im Anbeginn der Schöpfung, die von hier aus ihre Entstehung nahm [17], feierte Manu, der erste Mensch dieser Erde, hier auch zum ersten Mal ein Yagna.[18] Nach ihm wurde später der Manasarovar See benannt...

Und Vasishta sprach wieder sein allumfassendes phuro Mantra. Da begann es zu regnen, und die Dunkelheit senkte sich hernieder. Nun ritten alle auf ihren Kamelen zu ihren Häusern zurück. Der weise Vasishtha aber ging in seine Hütte und wickelte sich in seine Decke ein. Sein langes verfilztes Haar breitete sich um ihn herum auf dem Boden aus, als er von seiner Decke halb zugedeckt auf seinem Lager lag, seinen angewinkelten Ellenbogen als Kopfkissen benützend.

***

Und nun, im Namen des Herrn, richtet euer inneres Auge wieder einmal auf den alten Mann unter dem heiligen Banyanbaum... Er begann zu husten, atmete schwer und hielt dann den Atem an...

Rama, der inzwischen herbeigekommen war, sah dies und sagte: „Oh, lieber Meister, was ist dir geschehen?"

Und zu Lakshmana, seinem jüngeren Bruder gewendet, sprach er: „Bitte reibe den Kopf unseres Meister für eine Weile. Sein Atem ist unregelmäßig, und er scheint unruhig zu sein."

Nach kurzer Zeit öffnete Vasishtha die Lippen und hub zu sprechen an: „Lieber Rama," sagte er, „warum störst du mich? Wie kannst du mich für tot halten, wenn ich nur meditiere. Ich bin ein Adi Rishi, ein Weiser vom Anbeginn der Schöpfung und wurde geboren, als auch die Schöpfung entstand, zusammen mit Brahma und den anderen Göttern.[19]

Da sagte Rama: „Was aber soll nun mit dieser unserer Welt geschehen? Lehre mich die Vergangenheit und Zukunft erkennen."

---

[17] Gemeint ist wieder das Gebiet um Haidakhan.

[18] Vedisches Feuerritual und Weiheopfer.

[19] Brahma, Gott der Schöpfung.

„Phuro", sagte Vasishtha, „öffne dich dem göttlichen Geist und fasse Mut. Mich friert es", sagte er noch und wickelte sich dann in seine Decke ein.

Da rief Rama seinen jüngeren Bruder Lakshmana und sagte: „Zünde das Feuer im Dhuni[20] an und braue dem alten Mann einen Tee."

Vasishtha fing wieder zu husten an und sprach: „Lieber Rama, du bist es, der in diesem Zeitalter die Welt erneuern wird!"

Es war Nacht geworden und Rama und Lakshmana ritten heim auf ihren Pferden. Der alte Mann, in seine Decke eingewickelt, betrat seine Hütte und sagte noch im Gehen: „Phuro - laßt euch inspirieren vom göttlichen Geist und faßt Mut!"

**

Und wieder schaut im Geist hin zum Banyanbaum und zu der Hütte in seinem Schatten. Darinnen seht ihr den alten Mann mit seinem Bart so weiß wie Schnee, den aber der Rauch des Feuers und die Asche aus der Feuergrube langsam hatten braun werden lassen. Ah! wie angenehm ist doch die Luft ringsum!

Nun trug es sich zu, daß König Dashratha eines Tages mit seinen drei Königinnen in die Einsiedelei des Weisen kam. Alle verneigten sich tief vor Vasishtha, der ihnen seinen Segen erteilte und dann zum König sprach: „Sei glücklich mit deinen Königinnen."

Diese drei Königinnen aber, mit denen König Dashratha gekommen war, waren die einzigen ihm noch verbliebenen Frauen. Einmal hatte er nämlich siebenhundert Königinnen gehabt.[21]

Von dreihundert Königinnen waren ihm dreihundert Söhne und von dreihundert Königinnen dreihundertundfünzig Töchter geboren worden. Alle seine Söhne waren später nach Rußland gezogen und alle seine Töchter nach China. Und allmählich, durch die Zeiten hindurch, hatten sich seine Kinder und deren Nachkommen in allen Ländern der Erde angesiedelt, wo sie dann ihre eigenen Königreiche errichteten.

---

[20] Grube für das heilige Feuer.
[21] Babaji korrigierte hier die historische Auffassung, daß König Dashratha überhaupt nur die drei schon bekannten Frauen hatte.

Und so waren also König Dashratha zu guter letzt nur noch drei Königinnen geblieben, die er übrigens als völlig nutzlos betrachtete. Und ebenso die Königinnen, die sprachen über den König unter sich: „Was wollen wir nur mit diesem Greis anfangen, dessen Haar weiß und schütter ist!"

„Nun, also, um Ramas willen, phuro - öffent euch dem göttlichen Geist und seid guten Mutes!"

König Dashratha aber war vor seinem Meister in Tränen ausgebrochen und sagte. „Ich lebe wie ein Witwer mit diesen drei Königinnen, denn ich bin ohne Nachkommen, ohne Erben geblieben. Mir ist, als sei ich ganz allein auf dieser Welt. Was nur kann ich tun?"

Der weise Vasishta hustete, spuckte, wickelte sich in seine Decke und sagte zu Arundhati, seiner Frau: „Jetzt ist dieser Alte doch am frühen Morgen hergekommen, nur um mich zu stören! Geh und bring mir meine Huka, du alter Besen!"

Seine Frau antwortete ihm gleichermaßen: „Du alter Bock, längst hättest du sterben sollen, Quälgeist, der du bist!"

Vasishtha hustete und spuckte wieder, während Arundhati weiter schimpfte: „Ich muß mich schließlich auch um die Kinder kümmern. Was willst du ewig von mir? Soll ich sie vielleicht ins Feuer schmeißen? Oder wäre es besser dich zu verbrennen?"

Vasishtha erwiderte ihr: „Hör jetzt auf mit dem Geschimpfe und bring mir endlich meine Pfeife."

Da ging Arundhati hinaus und stellte ihm seine Wasserpfeife vor die Tür.

Nun setzte sich Vasishtha in Yogahaltung zum Meditieren nieder, schloß die Augen, atmete tief und hielt dann ganz den Atem an, so daß es den Anschein hatte, er habe überhaupt zu atmen aufgehört. Da bekam es König Dashratha mit der Angst zu tun, denn er glaubte, daß sein Meister gestorben sei. Deshalb befahl er den Soldaten und Ministern, die in der Nähe waren: „Hebt eine Grube aus und begrabt ihn!"

Als Arundhati sah, was sich zutrug, brach sie in Tränen aus und rief: „Du Unglückseliger, du bist nur gekommen, um meinen Mann zu töten!"

Da öffnete Vasishtha plötzlich seine Augen und sagte: „Phuro - öffnet euch dem göttlichen Geist und seid frohen Mutes!" Dann aber fuhr er seine Frau an: „Du alte Zottel, was tust du da!"

Und zum König gewendet fragte er: „Was ist dir bloß in den Sinn gekommen? Ich meditiere hier über dein Schicksal nach, ob es nicht vielleicht doch noch eine Möglichkeit gibt, damit du Nachkommen haben kannst und du erteilst den Befehl, mich begraben zu lassen! Verschwinde, aber plötzlich!"

Doch König Dasharatha erwiderte: „Verehrter Meister, wie kann ich wissen, daß du imstande bist, so zu meditieren?"

Daraufhin sprach Vasistha: „Phuro - fasse Mut! Ich war bei Brahma, dem Schöpfer dieser Welt, um herauszufinden, ob dir vom Schicksal doch noch etwas beschert ist. So wisse denn: Du wirst noch drei Hochzeiten halten."

Da vermählte sich König Dashratha gleich mit den drei noch verbliebenen Königinnen, die ihn jede wiederum zu ihrem König krönte. Dann begann der Hochzeitszug mit Pauken und Trompeten, und der alte König schritt an seiner Spitze ganz glücklich als Bräutigam und sein Bart flatterte im Wind.

Und als die Feierlichkeiten vorüber waren, kehrten alle nach Hause zurück.

Viele Jahre vergingen so, doch keine der drei Königinnen gebar auch nur eine Maus. Der König aber vergrub sein Gesicht in den Händen und weinte bitterlich. Und wieder nahm der König sein Pferd, ritt zur Einsiedelei seines Meisters und erzählte ihm von der Ursache seines Kummers.

„Geh´und bring mir erst meine Pfeife!", sagte Vasishtha zum König, „warum kommst du denn immer und störst mich in meiner Meditation?" Nach einer Weile fügte er noch hinzu: „Phuro - öffne dich dem göttlichen Geist, fasse Mut! Laß uns zusammen in den Palast gehen und ein großes Yagna abhalten, bei dem auch aus den heiligen Schriften, aus der Devi Bhagvad[22] und aus dem Shiva Purana[23] gelesen werden soll.

Im Palast angekommen, ließ Vasishtha das Horoskop des Königs ausbreiten, das elf Meter lang und viereinhalb Meter breit

---

[22] Devi Bagavad: Sanskrit Text zum Lobpreis der göttlichen Mutter, verfasst von Rishi Markandeya.

[23] Shiva Purana: Sanskrit Text zum Lobpreis Shivas.

war. Viele gelehrte Astrologen versammelten sich um es herum und berieten lange und ausführlich. Schließlich aber stimmten sie alle darin überein, daß der König nicht einmal eine Maus zu zeugen fähig war, und daß es für ihn deshalb keine Nachkommenschaft geben könne.

Nun wurde mit dem Rezitieren der Veden und der Lesung des Shiva Purana begonnen. Auch wurden reiche Gaben an alle Untertanen des Königs verteilt. Den Hungrigen wurde Speise gegeben, die Durstigen erhielten zu trinken und alle Einwohner des Königreiches wurden für hundert Jahre von allen Steuern befreit.

Als die Lesung der heiligen Schriften beendet war, wurden den Königinnen vier Früchte gereicht: die jüngste aß zwei Früchte und die beiden Älteren je eine Frucht.

Und siehe da, bald danach kamen vier kleine Söhne zur Welt und man konnte hören wie das „Uiihhää, ueeiihh" ihrer Stimmchen im Palast widerhallte.

Vasishtha aber sprach: „Phuro - öffnet euch dem göttlichen Geist und seid frohen Mutes." Und Glückwunschbotschaften aus allen Teilen des Landes strömten in den Palast.

„Pinda kacha - shabda sacha, das Fleisch ist vergänglich, doch
das Wort bleibt in Ewigkeit.
Ishvarovacha, also sprach der Herr."

(Babaji schloß diesen Teil seiner Erzählung mit dem Lied:

Jai Ram, Shri Ram, Jai Jai Ram,

Jai Sia Ram, Jai Jai Sia Ram."

(Lob und Preis Rama, dem Herrn, Lob und Preis Sita,
eins mit Rama, dem Herrn.)

Nun lenkt euren Geist wieder zurück zu dem alten Mann in Ayodhya.[24]

Die Sache ist die: „Phuro, seid wohlgemut und laßt euch inspirieren vom göttlichen Geist!"

Denn, meine Damen und Herren, nachdem die Glückwunschgesänge zur Geburt Ramas zu Ende gesungen waren, gingen alle nach Hause und auch der weise Vasishtha packte seine wenige Habe in ein Bündel zusammen.

---

[24] Königreich Ramas in Nordindien.

Nun befahl aber König Dashratha seinen Leuten eine Staatskarosse für den Weisen zu rüsten und die Schatzkammern und alle Vorratskammern seines Reiches zu öffnen, so daß er in Hülle und Fülle mit allem beschenkt werden könne, was immer nur sein Herz begehre: Schmuck, Gewänder, Tiere, Gold, Bettzeug...

Der weise Vasishtha hustete, erhob sich, setzte sich in die Staatskarosse und trat seine Heimreise an. Zu Hause angekommen, trat Arundhati aus der Tür ihrer Hütte heraus. Und als sie die vielen Pferdegespanne, beladen mit all den kostbaren Dingen sah, da war sie überglücklich und rief: „Du guter Alter, mögest du noch recht lange leben! So viele reiche Sachen hast du mitgebracht! Und ich glaubte immer, du seist ein Mensch, der nur vom Unglück verfolgt ist. Jetzt aber sehe ich dich umgeben von so vielen guten Dingen!"

Vasishtha antwortete ihr: „Phuro, erinnerst du dich noch an den alten Mann, Arundhati, der mich immer besuchen kam? Er ist Vater von vier Söhnen geworden."

Als seine Frau diese Nachricht hörte, wurde auch sie froh und sagte: „Mein liebes Alterchen, du scheinst wirklich außergewöhnliche Fähigkeiten zu haben, die ich früher nie vermutet habe."

Als Vasishtha dieses Lob aus dem Munde seiner Frau vernahm, da war auch er froh. Er wies seine Kinder an, ihm die Sitzmatte vor die Türe zu bringen und ließ sich dann auf ihr nieder. Mit weinerlicher Stimme bat er daraufhin Arundhati ihm doch die Huka, seine Wasserpfeife zu bringen, denn er wolle rauchen. Bald hörte man auch schon Vasishtha wieder die bekannten Gurgeltöne machen. Seine Kinder aber, die um ihn herumsaßen, schleckten die Süßigkeiten, die er mitgebracht hatte...

***

Nun ist die Sache die... Im Namen Ramas, des Herrn, hört aufmerksam zu und richtet eure Gedanken zum Sumeru Berg hin, wo die schönen Bäume blühen, wo der Wunschbaum wächst. Phuro - laßt euch inspirieren vom göttlichen Geist.

Dort, seit uralten Zeiten, wohnt nämlich die Krähe Kakbhushundi, die anbetet Rama, den Herrn[25]. Und dort erschien eines Tages der weise Vasishtha, der von zu Hause weggelaufen war.

Als Kakbhushundi ihn gewahr wurde, stand sie auf, verneigte sich tief vor dem alten Mann und sprach: „Gesegnet sei das Licht meiner Augen, das mich dich erblicken läßt!"

Vasishtha sagte: „Phuro, sei frohen Mutes, und geh und stopf mir eine Pfeife, denn ich bin müde." Bald darauf konnte man auch schon wieder die Gurgeltöne der Wasserpfeife hören. Nach einer Weile sprach Vasishtha: „Ich bin hierher gekommen, weil ich von dir etwas über Rama, den Herrn, erfahren möchte."

Doch Kakbhushundi antwortete ihm: „Was kann ich dir erzählen, das du nicht schon längst weißt? Du bist doch ein Adi Rishi, ein Weiser des Anbeginns der Schöpfung."

Da fing der alte Mann plötzlich an zu husten und hustete so stark, daß er umfiel. Kakbhushundi, die Krähe, eilte herbei, um ihn wieder aufzurichten und sagte: „Immer schön ruhig. Da, lasse dich hier nieder und mach´ es dir bequem, denn ich bin es, die von dir die Geschichte Ramas hören möchte."

Da hustete der alte Mann noch einmal: „kkhhrack, kkhhaaooh" und sagte dann schließlich: „Phuro, öffne dich dem göttlichen Geist und höre! König Dashratha hat vier Söhne bekommen, und der älteste von ihnen ist Rama."

Und dann fuhr er fort, Kakbhusdhundi von Rama zu erzählen. Als er schließlich mit seiner Geschichte fertig war, sagte er noch einmal: „Phuro - sei frohen Muts. Pinda kacha - shabda sacha: das Fleisch ist vergänglich - das Wort währet in Ewigkeit. Dies ist ein Mantra. Ishvarovacha: also sprach der Herr."

Dann hustete der alte Mann wieder: „kroookh, khrumm, kroooughrr" und nachdem er seinen Körper mit heiliger Asche eingerieben hatte, hüllte er sich wieder in seine Decke ein.

Shri Babaji beendete diese Folge von Erzählungen über den weisen Vasishtha mit einer gesungenen Rezitation des Rudrashtaka[26]:

---

[25] Ohne Unterlaß das Ramayana zitierend.

[26] Acht Verse zum Lobpreis Shivas, Kap. „Uttarakanda", T 1. V. Ramacharitamanasa des Dichters Tulsidas (16./17. Jahrhundert). Hier sind die ersten vier Verse wiedergegeben.

„Ich verneige mich vor dir, oh Wächter des Süd-Ostens,
Herr des Weltalls, Verkörperung ewiger Glückseligkeit,
allmächtiger Gott, alles durchdringender Geist,
der du bist die Verkörperung der Veden.

Ich verehre dich, Shiva, oh Herr, der du erstrahlst im Licht des
Seins, das war, ehe die Schöpfung wurde.

Du bist ungeteiltes sehnsuchtsfreies allumfassendes Bewußtsein,
umkleidet allein mit Äther, dem Element reinsten Lichts.

Ich verneige mich vor dir, als dem höchsten Herrn,
der du bist jenseits aller Gestalt, transzendent,
Urgrund alles Geschaffenen.

Durch das Wort nicht definierbar,
durch das Bewußtsein nicht erfaßbar,
durch die Sinne nicht wahrnehmbar.

Schrecklich bist du, doch gnadenreich,
Same des Urklanges AUM.

Herr des Kailashberges, Verschlinger selbst der kosmischen Zeit,
Essenz aller Tugenden.

Ich verehre dich, Shankara, du Gnadenreicher, Herr des Alls
geliebt von aller Kreatur, doch unergründlich zugleich"....

Jai Maha Maya ki Jai!

Lob und Preis der göttlichen Schöpferkraft!

Weitere Literatur im Reichel Verlag

Babaji spricht: Prophezeiungen und Lehren. Gesammelte Ansprachen

Bambeck, R. *Das Buch des Lebens* – empfangen aus dem Göttlichen

Godmann, S., *Am Quell der Wahrheit in Haidakhan.* Erlebnisbericht

Gora Devi, *Das Abenteuer einer Transformation, 12 Jahre bei Babaji*

Gora Devi, *Auf der Suche nach Wahrheit und Liebe*

Gorakvhani/Babaji, *Das geheime Wissen Guru Goraknaths*

Lanphear, R. *Der Kurs zum Selbst. In Wahrheit Einfachheit u. Liebe von Babaji*

Lanphear, R. Babaji – Erkenne dich und du bist gesund

Reichel G., Babaji -Pforte zum Licht. Erlebnisbericht

Reichel G., *Babaji von Herz zu Herz.* Berichte aus aller Welt

Reichel G., *Babaji. Unergründlich tief wie das Meer.* Kurzgeschichten

Radhe Shyam, *Leben aus dem Sein. Babaji – sein Leben und Wirken*

Subramaniam V., *Alles ist Eins. B*isher unveröffentlichte Ausgabe. Empfohlen von Ramana Maharshi

Wosien, M. G. *Ich bin Du. Botschaften des Meisters vom Himalaya*